新 AI 时代：
全球网络与数据安全法治发展蓝皮书（2023）

黄道丽　鲍　亮 ◎ 主编

中国·武汉

图书在版编目（CIP）数据

新AI时代：全球网络与数据安全法治发展蓝皮书.2023/黄道丽，鲍亮主编.—武汉：华中科技大学出版社，2024.6
ISBN 978-7-5772-0879-4

Ⅰ.①新… Ⅱ.①黄… ②鲍… Ⅲ.①互联网-网络安全-科学技术管理法规-研究报告-世界-2023 ②数据处理-安全技术-科学技术管理法规-研究报告-世界-2023 Ⅳ.①D912.174

中国国家版本馆CIP数据核字（2024）第112113号

新AI时代：全球网络与数据安全法治发展蓝皮书（2023）　　　黄道丽　鲍　亮　主编
Xin AI Shidai：Quanqiu Wangluo yu Shuju Anquan Fazhi Fazhan Lanpishu（2023）

策划编辑：	郭善珊
责任编辑：	张　丛
封面设计：	沈仙卫
版式设计：	赵慧萍
责任校对：	李　弋
责任监印：	朱　玢
出版发行：	华中科技大学出版社（中国•武汉）　　电话：(027) 81321913
	武汉市东湖新技术开发区华工科技园　　邮编：430223
录　　排：	华中科技大学出版社美编室
印　　刷：	湖北恒泰印务有限公司
开　　本：	787mm×1092mm　1/16
印　　张：	15.5
字　　数：	223千字
版　　次：	2024年6月第1版第1次印刷
定　　价：	168.00元

本书若有印装质量问题，请向出版社营销中心调换
全国免费服务热线：400-6679-118　竭诚为您服务
版权所有　侵权必究

联合策划

公安部第三研究所网络安全法律研究中心

公安部第三研究所网络安全法律研究中心隶属于公安部第三研究所,致力于服务网络安全工作需要,跟踪研判境内外网络与数据安全战略、政策法律动向,广泛开展学术交流研讨和产学研合作,为政府部门提供高质量的法律研究支撑。

西交苏州信息安全法学所

西交苏州信息安全法学所是西安交通大学苏州研究院下设的专业法律研究智库,坚持开放式运行模式,致力于服务网络与信息安全工作需要,为国家及地方政府机构提供网络与信息安全政策法律支撑,为企业网络与数据安全合规提供专业咨询。

本书撰写过程中还得到密码法治实践创新基地、中国人民公安大学、宁夏公安厅十一处、上海市人民检察院第四检察部、广西壮族自治区公安厅防城港市公安局网络安全保卫支队、西北大学、西北政法大学、上海信息网络安全管理协会等机构及其专家的大力支持和帮助,特予以感谢。

编写委员会

顾 问

马民虎　密码法治实践创新基地主任
金　波　公安部第三研究所副所长
王斌君　中国人民公安大学教授
吴松洋　公安部第三研究所网络安全技术研发中心主任
杨　涛　公安部第三研究所网络安全技术研发中心副主任/研究员
原　浩　西交苏州信息安全法学所研究员
孙艳玲　亚信安全科技股份有限公司总法律顾问

主 编

黄道丽　公安部第三研究所法律研究中心主任/研究员
鲍　亮　公安部第三研究所网络安全技术研发中心副主任/副研究员

副主编

于月霞　宁夏公安厅十一处总工程师
翁春韵　上海市人民检察院第四检察部三级高级检察官

执行副主编

何治乐　胡文华　梁思雨

编 委

林晓琳　钟　莹　刘春梅　俞少华　王彩玉　胡柯洋　王明一
洪慧英　马　宁　方　婷　谢永红　谢　康　王　轩　陈晓霖

本书获得2020年度国家社会科学基金项目《网络安全新业态视角下的关键技术风险分析及防控对策研究》（20AZD114）支持。

CONTENTS / 目录

全球网络安全政策法律发展年度报告（2023）

·001·

全球数据法治年度观察（2023）

·041·

智联社会　智能向善：生成式人工智能法治研究报告

·103·

全球网络安全政策法律发展年度报告（2023）

执 行 概 要

信息技术革命的成就令人印象深刻,这并不仅仅是指生产力和生产关系的跃迁,而是触及社会运行底层逻辑的系统性变化。很少有法律议题像网络安全这般复杂且具有挑战性——这几乎涉及过去、现在和未来人类想象力能够覆盖到的所有领域和场景——在任何语境下,能够被称为"安全"的问题无疑最为核心且优先,其隐含了关于"生存和发展"的终极阐释,但"安全"本身的"主体间性"却往往令与此相关的法律议题陷于困境,网络安全尤为如此。其中最为艰难的部分可能不仅仅在于找到某种可行的"安全"途径或方法,而且包括促进这种途径和方法在尽可能多的价值层面上形成共识或达成妥协。

基于后工业时代"风险社会"中那些显著"现代性特征"所揭示的经验和教训,网络安全几乎从一开始就成为与信息技术革命同步考虑的问题。在过去的三年中,人类的决策等功能向信息系统复制、迁移的速度明显加快,新技术新应用不断出现。其中,尽管大部分的技术"外观"可能是陈旧的,但其技术"体验"绝对是全新的。站在实用主义的角度,由"人机交互"向"人机融合"的过渡已经渐成现实,"虚拟"与"现实"之间产生了几乎可以"触碰"到的紧密联系,这也导致全球网络安全政策立法的整体态势在2023年出现了两个方面的显著变化:其一,社会公众对政策法律的"工具性价值"更为认同,这进一步强化了政府持续塑造和改良规范体系的内驱动力,促进全球网络安全政策立法的全面繁荣;其二,全球网络安全政策立法在表现出高度技术敏感性的同时,也开始修正早期为迅速填补规范空白而略带盲目性的"扩张"思路，对于技术利用与限制的平衡被更多地予以考虑。类似于在数据问题上全面复刻欧盟 GDPR 蓝本的情况已经很少出现，这预示了一个更为多元而审慎的网络安全政策立法态势。此外，鉴于技术自身的高速发展，"出台即过时"也成为决策者必须纳入考量的影响因素，这要求制度设计必须要有足够弹性，网络安全政策立法无疑将变得更为复杂。

回顾 2023 年，面对全球网络安全传统风险更加复杂多变与新兴风险多面出现相互交织的局面，各国政策立法总体呈现出优化调整、细化落实现有立法要求，使其适应新形势下风险防御新特点的同时，针对新兴风险提出突破性、前瞻性立法，并引入其他治理理念和工具，试图预判风险、提前规避。本报告全面回顾 2023 年全球网络安全政策立法与典型执法情况，将 2023 年全球网络安全政策法律发展总结为十大特点：（1）全球网络空间治理区域合作加强，共同安全成为关键词；（2）关键信息基础设施保护重者恒重，且向着细分领域下沉；（3）内生安全风险与外界政府干预共同加剧全球供应链安全风险；（4）漏洞资源价值持续凸显，激励漏洞披露与发现仍是关键环节；（5）数据精细化、场景化立法蓬勃发展，数据跨境成为关注焦点；（6）信任成为信息内容治理核心，未成年人保护与网络暴力成为重点关切；（7）基于风险的人工智能法治趋于理性，软硬法协同推进向善包容治理；（8）监管行动持续推进，聚焦平台与规模效应的网络执法效能日渐凸显；（9）安全与发展辩证关系在量子技术推进与后量子密码迁移中得以深刻诠释；（10）网络犯罪预防、打击、治理一体化基本共识形成，防治相关立法加速推进。

展望 2024 年，信息技术发展与风险迭代升级相伴而生，技术利用与风险防范并行不悖，安全与发展的辩证统一将始终是各国网络安全对内治理和对外合作的底层逻辑。报告研判出 2024 年全球网络安全政策法律的六大趋势：（1）网络空间大国博弈背景下局部和暂时性妥协有望达成和延续；（2）数据赋能发展的制度保障仍需加强，跨境流动面临不确定性；（3）网络执法的精细化、专业化、智慧化水平将大幅提升；（4）人工智能包容性、参与式治理纵深发展；（5）新型网络犯罪治理趋向生态化、预防化、智能化；（6）后量子密码标准化将加速"特定重要"领域后量子密码迁移进程。

目　次

第一章　2023年全球网络安全政策法律发展回顾　/009
　一、全球网络空间治理区域合作加强，共同安全成为关键词　/010
　二、关键信息基础设施保护重者恒重，且向着细分领域下沉　/012
　三、内生安全风险与外界政府干预共同加剧全球供应链安全风险　/014
　四、漏洞资源价值持续凸显，激励漏洞披露与发现仍是关键环节　/016
　五、数据精细化、场景化立法蓬勃发展，数据跨境成为关注焦点　/019
　六、信任成为信息内容治理核心，未成年人保护与网络暴力为
　　　重点关切　/021
　七、基于风险的人工智能法治趋于理性，软硬法协同推进向善
　　　包容治理　/023
　八、监管行动持续推进，聚焦平台与规模效应的网络执法效能
　　　日渐凸显　/025
　九、安全与发展辩证关系在量子技术推进与后量子密码迁移中
　　　得以深刻诠释　/028
　十、网络犯罪预防、打击、治理一体化基本共识形成，防治
　　　相关立法加速推进　/029

第二章　2024年全球网络安全政策法律趋势展望　/033
　一、趋势一：网络空间大国博弈背景下局部和暂时性妥协有望
　　　达成和延续　/033

二、趋势二：数据赋能发展的制度保障仍需加强，跨境流动面临
　　不确定性　　　　　　　　　　　　　　　　　　　　　/034

三、趋势三：网络执法的精细化、专业化、智慧化水平将大幅
　　提升　　　　　　　　　　　　　　　　　　　　　　　/035

四、趋势四：人工智能包容性、参与式治理纵深发展　　　　/036

五、趋势五：新型网络犯罪治理趋向生态化、预防化、智能化　/037

六、趋势六：后量子密码标准化将加速"特定重要"领域后量子
　　密码迁移进程　　　　　　　　　　　　　　　　　　　/038

第三章　沿革　　　　　　　　　　　　　　　　　　　　/040

第一章　2023年全球网络安全政策法律发展回顾

2023年世界进入经济复苏的重要时期，全球新一轮科技和产业变革加速升级，以ChatGPT、量子计算等为代表的颠覆性技术迭代更新，信息技术创新发展、数据价值最大化利用、人工智能通用化等技术带来的产业动能成为经济社会发展过程中的重要引擎，引发各国对其予以前所未有的关注。与此同时，随着不稳定、不确定、难预料因素的显著增多，新旧问题与复杂矛盾叠加碰撞，安全风险变得不总是"可见的"、可以预测的，未知来源、未知类型、未知后果风险的难以捉摸使得安全的内涵更加深刻。如果说防入侵、防泄露、防篡改等是网络安全的初期目标，那么在遭遇不论是内在风险，还是因政治、外交、贸易等外部风险时能够保持稳定、及时从风险中恢复则成为网络安全的长期目标。因此，韧性成为2023年网络安全领域的高频词汇。无论是关键基础设施韧性、产业链供应链韧性，还是《二十国集团领导人新德里峰会宣言》提出的"在数字经济中构建安全、保障、韧性和信任"，美国《国家网络安全战略》的"建立可防御性、有韧性的数字生态环境"目标，均致力于确保网络安全各环节在面对内生和外部风险时能够保持动态稳定。

作为固根本、利长远、稳预期的重要治理工具，法治在2023年仍然是各国强化网络安全的关注重点，通过立法引导、规范、支持信息技术发展和数据价值利用，保障网络安全。复杂多变的外部环境、法治建设的内在驱动与未来技术的迭代升级，推动全球网络安全领域政策立法和监管实践不断加强，采取的政策在寻求更佳的社会秩序的同时赋予法律更强的政策导向和工具属性。

回顾2023年，面对全球网络安全传统风险更加复杂多变与新兴风险多面出现相互交织的局面，各国政策立法总体呈现出优化调整、细化落实现有立法要求的态势，力求使其在适应新形势下风险防御新特点的同时，针对新兴风险提出突破性、前瞻性立法，并引入其他治理理念和工具，试图预判风险、提前规避。本报告将其总结为十大特点。

一、全球网络空间治理区域合作加强，共同安全成为关键词

网络空间命运共同体是网络强国重要思想的重大理论创新，为全球网络空间治理贡献"中国方案"。如《携手构建人类命运共同体：中国的倡议与行动》白皮书中所说"站在历史的十字路口，是团结还是分裂，是开放还是封闭，是合作还是对抗？如何抉择，关乎人类整体利益，也考验着各国的智慧。"2023年，尽管地缘政治变化所引发的国家间战略竞争仍然十分激烈，但越来越多的区域性合作开始被观察到，特别是诸如"集体安全""共同安全"等一些极具"示范"意义的话语力量开始广泛出现。这意味着在信息技术和数字经济成为国家发展基本条件的大背景下，基于特定利益、信任或价值关系的国际合作的深度和广度都在持续加深。这开启了可预期的良好开端，将为网络空间治理的各方参与者提供更多的机会。

联合国发布极具代表性的政策简报《全球数字契约》，旨在为全人类构建一个开放、自由和安全的数字未来，其中的一项关键目标就是弥合各国数字鸿沟并推进可持续发展。中俄发布的《关于深化新时代全面战略协作伙伴关系的联合声明》深刻指出，应秉持普遍、开放、包容、非歧视和兼顾各方利益的原则，实现世界多极化和各国可持续发展。中俄呼吁各国弘扬和平、发展、公平、正义、民主、自由的全人类共同价值，对话而不对抗，包容而不排他，和睦相处，合作共赢，促进世界的和平与发展。美国

在新版《国家网络安全战略》中明确提出，建立网络空间国际伙伴关系，促进网络空间负责任的国家行为，重点包括共同应对数字生态系统威胁、提高合作伙伴抵御网络威胁能力、打造安全可靠和值得信赖的全球供应链。新西兰发布首份国家安全战略报告《共同安全：新西兰2023—2028年国家安全战略》，其强调的优先事项就包括加强国内和国际伙伴之间的信任理解，共同合作应对挑战。澳大利亚、印度、日本、美国四方安全对话领导人联合声明指出，面对数字化世界中复杂的网络威胁，迫切需要共同加强集体网络安全。

此外，各国网络安全区域合作开始通过更为丰富而多元化的方式加以呈现，具有共识性的联合声明成为塑造国际规则和阐明国家立场的重要渠道。例如，美欧就加强网络弹性领域合作发表联合声明，拟在欧美网络对话框架下深化网络安全治理合作。美国和印度签署《美印关键和新兴技术倡议》，提出双方政府、企业界和学术界将致力于在加强两国间创新生态系统（人工智能、量子技术等）、建立有韧性的半导体供应链等领域展开密切合作。美国、日本发布联合声明，就可信数据自由流动和跨境数据流达成共识。美国、加拿大发布联合声明，寻求共同改善半导体供应链和关键基础设施安全。欧盟-拉丁美洲和加勒比地区发布《数字联盟联合声明》，旨在提升公民基本数字能力，缩小数字鸿沟。

需要承认的是，现有的网络安全国际合作具有强烈的地缘政治属性，合作各方通常具有明显的互信关系，某种意义上来说合作范围内的信任意味着对范围外的不信任，这可能引发更为激烈的区域冲突和对抗。个别国家将互联网作为维护霸权的工具，用集团性"帮规"破坏全球性互联网治理原则。典型的如美国在全球范围内寻求合作伙伴共同限制芯片、半导体出口，这无疑将导致全球网络空间的主体间关系变得不再稳定，"进攻性"的政策法律会越来越多地出现，需要引起警醒。"信任"将在相当长的时间内作为全球网络空间治理的核心议题，这可能并不是单纯通过技术方案能够解决的。对此，我国持续致力于为动荡变化的时代注入更多稳定性和确定性，倡导通过对话达成安全共识。我国提出《全球安全倡议概念文件》，重申共同、综合、合作、可持续的安全观，提出战争和制裁不是解决争端的根本之道，对话协商才是化解分歧的有效途径。在《中国关于全球数字治理有关问题的立场（就制定"全球数字契约"向联合国提交的意见）》中，我国提出，面对数字化带来的机遇和挑战，各方应坚持多边主义，坚守公平正义，统筹发展和安全，深化对话合作，完善全球数字治理体系，构建网络空间命运共同体。《中国－中亚峰会西安宣言》发布，提出中国同中亚五国支持在《全球数据安全倡议》框架内构建和平、开放、安全、合作、有序的网络空间，共同落实好《"中国＋中亚五国"数据安全合作倡议》，共同推进在联合国主导下谈判制定关于打击为犯罪目的使用信息和通信技术全面国际公约，合力应对全球信息安全面临的威胁和挑战。这些努力有助于解决共同面临的地区性问题，携手建设普遍安全、世代友好的命运共同体。

二、关键信息基础设施保护重者恒重，且向着细分领域下沉

2023年，俄乌冲突、混合攻击激增以及北溪天然气管道破坏等不稳定因素对关键基础设施安全稳定运行带来挑战。欧盟网络安全局基于2022年1月至2023年8月期间发生的经验证的310起DoS事件分析发现，受此类事件影响最大的是政府行政部门，政府基础设施已经成为威胁行为者的首选目标，且66％的攻击事件是出于政治动因。美国网络安全和基础设施安全局（CISA）在2022年应要求对某大型关键基础设施组织进行红队评估，并最终获得了该组织敏感业务系统相邻系统的访问权限。CISA表示尽管该组织拥有成熟的网络态势感知能力，但并未在整个评估过程中检测到红队行动。这使得关键基础设施保护在2023年发布的国家战略中仍占据重要地位，各国普遍认识到关键基础设施面临着重大威胁，关键基础设施保护需

要在立法、公私合作等方面进一步推进。美国《国家网络安全战略》将"保护关键基础设施"列为战略确立的五大支柱之首，明确关键基础设施保护的目标是"运作持久且有效的协作防御模式，公平分配风险和责任，为美国数字生态系统提供基本安全和韧性。"对此，美国将创新机制，使关键基础设施所有者和经营者、联邦机构、产品和服务供应商以及其他利益相关方能够在速度和规模上有效地协作。美国国防部《2023年网络战略》也表示将借助现有所有合法可用的合同机制、资源和业务安排来改善美国关键基础设施网络安全。欧盟NIS 2指令、《关键实体弹性指令》正式生效，为欧盟现代化网络安全保障提供制度基础。受北溪管道事件驱动，欧盟提出《关于〈协调联盟应对重大跨境关键基础设施中断的蓝图〉的理事会建议提案》，旨在提高对关键基础设施重大事件的态势感知、信息共享和有效响应。我国修订《反间谍法》，将间谍组织针对关键信息基础设施实施的网络攻击定义为间谍行为，进一步充实了关键信息基础设施保护制度体系。

在总体战略指引和安全形势驱动下，各国关键基础设施保护开始走向精细化、行业化和专业化。近两年澳大利亚关键基础设施保护立法取得重大进展，2023年进入细化立法要求阶段，发布《关键基础设施安全（关键基础设施风险管理计划）规则》《关键基础设施资产类别定义指南》等文件，明晰关键基础设施资产类别及其责任主体的安全保护义务。《2023—2030年澳大利亚网络安全战略》将"保护关键基础设施"列为保障网络安全的六大盾牌之一，旨在确保关键基础设施和政府基础系统能够抵御网络攻击并从中恢复。同时也表示尽管《2018年关键基础设施法》提供了法律框架，但监管仍存在差距，没有充分覆盖特定的部门、实体或者资产，存在多个监管框架覆盖同类型实体造成冗余的情形。为此，战略表示将进一步确保监管针对的是正确的实体和正确的资产。美国《国家网络安全战略》指出"战略环境需要现代灵活的网络安全监管框架，根据每个部门的风险状况量身定制。行业和监管机构之间的协作将促成运营和商业上可行的监管要求,确保关键基础设施的安全与韧性"。2023年,美国供水、航空、海洋运输、证券、液化天然气等领域发布细化的网络安全要求,其中"风险评估"成为行业要求普遍选择,通过自我评估、委托第三方评估、监管部门评估等方式判断风险管理措施的有效性,发现网络安全差距。

我国在《关键信息基础设施安全保护条例》生效之后,同样积极推动其在重要行业、领域的细化和下沉工作。首个相关国家标准《信息安全技术 关键信息基础设施安全保护要求》(GB/T 39204—2022)正式施行,这项标准是支撑《关键信息基础设施安全保护条例》的基础性核心标准。该标准从分析识别、安全防护、检测评估、监测预警、主动防御和事件处置六方面提出111项安全保护要求。此外,证券期货业、公路水路、铁路等领域出台专门的关键信息基础安全保护管理办法或将其作为重要内容一并写入行业网络安全管理办法中,并提出行业特殊要求,如证券期货业要求本行业关键信息基础设施运营者定期开展压力测试,公路水路领域将关键信息基础设施分为部级设施和省级设施,并在检测评估和事件报告等方面提出差异化要求。

三、内生安全风险与外界政府干预共同加剧全球供应链安全风险

《全球网络安全政策法律发展年度报告(2022)》的前瞻展望部分,我们曾提出供应链安全问题将强势"扩张",成为网络安全的主线之一。2023年,供应链安全风险愈加凸显。如澳大利亚发布的《关键基础设施年度风险评估报告》指出,供应链不再是线性的,即从A到B到C,而是演变为由上游、下游和相互联结的服务共同构成的、涉及多重供应商的供应链网络,这使得供应链更加暴露在地缘政治、环境、社会和经济领域的各类潜在破坏性风险中。欧盟网络安全局发布的《2030年威胁预见》中更是将

"软件依赖导致的供应链妥协"认定为 2030 年可能出现的头号网络安全威胁。

一方面，供应链自身面临的安全风险更加突出，供应链的扩张增加网络攻击暴露面，特别是当供应链上不同主体的网络安全成熟度参差不齐时。因此，提高供应链风险感知能力，提高网络产品安全性成为各国立法重点。美国、加拿大、新加坡等国 17 个政府机构联合发布《改变网络安全风险的平衡：软件安全设计原则和方法指南》，强化软件制造商网络安全责任，要求软件制造商优先考虑产品的安全性，保障产品功能安全运行，减少被攻击的可能性。同时，对于面向广大消费者提供的网络产品，通过打标签、添加信任标识等方式佐证产品安全性。欧盟近年来持续推动的《网络弹性法案》着眼于提供安全的数字产品。该法案为数字产品制造商和零售商引入强制性网络安全要求，并将这种保护延伸到整个产品生命周期。法案生效后，此类产品将带有 CE 标志，以表明它们符合安全标准。美国白宫宣布启动"美国网络信任标志"计划，零售商和制造商提供的符合网络安全标准的智能设备将获得"网络信任"标签，帮助消费者更轻松地选择不易受到网络攻击的设备。澳大利亚《2023—2030 年澳大利亚网络安全战略》提出将网络安全嵌入软件开发过程中，将为应用商店和应用开发者设计自愿性的实践指引，明确软件开发的网络安全要求。对于开源软件，美国发布《开源软件安全路线图》《提高运营技术和工业控制系统中开源软件安全性的说明书》，表示将提高对开源软件使用和风险的可见性，评估开源软件在联邦政府和关键基础设施中的普及情况，加强开源软件生态系统安全性。

另一方面，个别国家泛化国家安全风险，在芯片、半导体、人工智能技术等领域滥用出口管制措施，人为设置网络空间和信息技术发展障碍，加剧全球供应链中断风险。美国在与英国、加拿大、澳大利亚、日本、荷兰、印度等国发布的联合声明中，大多涉及共同构建半导体供应链。2023 年 8 月美国总统拜登签署《关于处理美国在受关切国家的特定国家安全技术和产品领域投资的行政令》，限制或禁止美国实体及其控制的境外实体对中国大陆、香港特别行政区以及澳门特别行政区的半导体和微电子、量子信息、人工智能领域的投资。美国商务部产业与安全局公布《实施额外出口管制：某些先进计算物项、超级计算机和半导体最终用途；更新和更正临时最终规则》，在2022年10月7日出台的临时规则基础上，进一步加严人工智能相关芯片、半导体制造设备的对华出口限制。此外，为发展本国芯片产业，美国持续推动《2022年芯片和科学法案》落实，美国商务部就该法案发布"国家安全护栏"最终规则。美国商务部部长雷蒙多对此称，这些"护栏"将确保美国的每一分钱都不被中国利用去发展技术、赶超美国[①]。

四、漏洞资源价值持续凸显，激励漏洞披露与发现仍是关键环节

漏洞的有效治理仍是各国关注的重点内容。一方面，漏洞的武器化演变仍在持续，成为个别国家实现政治目的的工具。如英国、韩国发布联合警报《朝鲜黑客行为者进行软件供应链攻击》，指控朝鲜国家黑客持续利用流行软件应用程序中的零日漏洞，借此发起全球供应链攻击，以进行间谍活动和金融盗窃。我国国家计算机病毒应急处理中心发布的《"黑客帝国"调查报告——美国中央情报局（CIA）（之一）》指出，在规模庞大的全球性网络攻击行动中，CIA大量使用零日漏洞，其中包括一大批至今未被公开披露的后门和漏洞，在世界各地建立僵尸网络和攻击跳板网络，针对网络服务器、网络终端、交换机和路由器，以及数量众多的工业控制设备分阶段实施攻击入侵行动。另一方面，漏洞成为从事网络违法犯罪、实施恶意网络活动的重要工具。澳大利亚信号局指出五分之一的漏洞在发布补丁

---

① 《美国收紧半导体出口管制损人不利己》，http://exportcontrol.mofcom.gov.cn/article/zjsj/202311/923.html。

或缓解建议后 48 小时内被利用，一半的漏洞在两周内被利用。我国 2023 年公开披露的行政执法案件中，涉及大量由于网络存在安全漏洞，未及时进行处置，导致网络或数据存在安全风险而被行政处罚的案件。公安部将"系统防护能力欠缺、用户防护意识不足。部分责任单位对网络安全重视程度不够，未及时升级维护相关系统，致使大量高危漏洞和高危端口长期存在，给黑客可乘之机"列为导致当前黑客类犯罪多发频发的三大原因之一，提示企业高度重视"两高一弱"问题，即高危漏洞、高危端口与弱口令[①]。2023 年全球发生的部分大规模网络安全事件都与漏洞存在千丝万缕的联系，如 6 月亚马逊网络服务遭遇数小时中断，亚马逊事后表示已对导致问题的漏洞进行修复[②]；10 月有黑客利用满分漏洞（CVE-2023-20198），成功侵入超过四万台运行 IOS XE 操作系统的思科设备[③]。鉴于此，强制性漏洞披露要求、建立漏洞披露计划、发布漏洞早期预警、鼓励安全研究人员善意发现并报告成为各国有效缓解漏洞风险，保障网络安全主要路径。

欧盟发布的《制定国家漏洞计划》报告认为，欧盟协调漏洞披露（CVD）生态系统仍然支离破碎，成员国中仅比利时、法国、立陶宛和荷兰制定了完整的国家 CVD 政策。报告指出尽管成员国和行业组织已经采取部分措施，但行业的最大期望是建立国家或欧盟层面的 CVD 政策，以帮助组织和公共部门将漏洞管理作为优先事项。欧盟《网络弹性法案》为数字产品制造商引入强制性漏洞披露要求，规定制造商应在得知漏洞后 24 小时内毫不拖延地通知欧盟网络与信息安全局（ENISA）其数字产品中包含的任何被积极利用的漏洞，通知内容应包括漏洞详细信息以及所采取的缓解措施。对于此要求，来自谷歌、电子前沿基金会等多个组织的 56 位网络安全

---

① 《公安部新闻发布会：通报公安机关打击黑客类违法犯罪工作举措及总体成效情况，公布十大典型案例》，https：//www.mps.gov.cn/n2254536/n2254544/n2254552/n9309244/index.html。

② 安全内参编译：《不止阿里云！2023 年全球规模最大的 15 起云中断事件盘点》，https：//mp.weixin.qq.com/s/W7BtGPPo2FpeOvLLShBkPQ。

③ 安全内参编译：《超过 4 万台思科设备被植入后门账号：零日漏洞攻击，暴露即被黑》，https：//mp.weixin.qq.com/s/EKfMqB8fR31oYPGuVy0Fxg。

专家签署联名信，认为该规定会催生情报、监视等方面新的威胁，破坏数字产品和使用者的安全。联名信建议删除此条款或进一步完善，明确禁止国家机构通过根据该法案披露的漏洞信息实施情报监视或发起网络攻击；或者在补丁等有效的漏洞缓解措施公开可用的72小时后再向机构报告漏洞信息。

美国持续加强漏洞披露环节，致力于在被恶意利用前进行修复。CISA根据《关键基础设施网络事件报告法》授权建立勒索软件漏洞警告试点。通过该试点，CISA将确定与已知勒索软件利用相关的漏洞，就此向关键基础设施实体发出漏洞警报，从而在勒索攻击事件发生前进行缓解。CISA也持续根据掌握的信息在其已知漏洞利用目录中添加新的漏洞信息，并强烈敦促所有组织及时修复目录中的漏洞。CISA还发布其首份《漏洞披露政策（VDP）平台年度报告（2022）》，指出美国许多联邦文职行政机构既缺乏从第三方接收漏洞信息的正式机制，也缺乏处理此类信息的明确策略。为帮助各机构满足约束性操作指令BOD20—01的要求，CISA于2021年7月建立VDP平台。截至2022年12月，该平台已收到超过1300份有效漏洞信息披露，其中约85%已被修复。

一直以来，安全研究人员在漏洞发现和修复方面发挥着重要作用，漏洞赏金计划是安全研究人员参与漏洞治理的有效途径之一。2023年，美国防部发起"黑掉五角大楼3.0"漏洞赏金计划；谷歌推出漏洞赏金计划，以勘察Google AI的系统漏洞，提高生成式人工智能安全性。与此同时，安全研究人员漏洞发现行为在法律上的认可始终存在模糊性，成为阻碍研究人员上报漏洞的主要原因之一。欧盟《制定国家漏洞计划》报告认可研究人员在漏洞披露方面的重要作用，认为从研究人员角度来看声誉仍是其合法报告漏洞的关键激励因素之一，然而从立法层面进行保护也需要给予高度重视。比利时网络安全中心（CCB）发布新法律框架《向CCB报告IT漏洞》，指出虽然诸多国家或组织制定协同漏洞披露政策和发起漏洞赏金计划，但善意发现漏洞的主体仍可能面临被诉的风险。这种对法律风险的担忧通常会抑制善意主体寻找或报告漏洞的意愿。为解决这个问题，该框架允许任何自然人或法人在没有欺诈或恶意情况下发现和报告位于比利时的网络信息系统中的现存漏洞，前提是严格遵守框架规定的特定要求。框架规定了数项基本原则，包括研究人员验证漏洞存在的行为应严格遵循必要性和适当性要求，发现漏洞后必须尽快报告IT系统负责人，按照规定程序报告给CCB等。

五、数据精细化、场景化立法蓬勃发展，数据跨境成为关注焦点

2023年，全球主要经济体数据治理持续发展并逐渐进入规则的细化、完善及调整期。欧盟方面，继《数字市场法》《数字服务法》《数据治理法》后又通过《数据法》，为数字欧洲建设提供制度保障。美国探索联邦层面个人数据保护统一立法，试图在联邦立法层面对个人数据保护、数据经纪人制度进行完善。我国进入《数据安全法》《个人信息保护法》常态化执法阶段，两大数据立法下的重要制度规范正在加紧研制。印度历经五年的讨论及修改终于出台《2023年数字个人数据保护法》。英国积极开展数据保护制度改革，酝酿制定《数据保护和数字信息法案》。日本最新修订的《个人信息保护法》正式施行。特殊类型数据、特殊场景、特殊主体的数据保护问题受到监管特别关注，数据规则精细化、场景化趋势明显。日本、欧盟、韩国、英国、挪威、加拿大等国家和地区围绕热像仪、执法领域面部识别技术、人事劳务、员工监控、青少年隐私等出台细化要求。我国针对个人信息与数据安全问题多发高发领域或环节相继出台诸多细化规范。《证券期货业网络和信息安全管理办法》《关于规范货币经纪公司数据服务有关事项的通知》《关于加强第三方合作中网络和数据安全管理的通知》《寄递服务用户个人信息安全管理规定》聚焦不同领域，细化制度要求。

作为数据法治的重点议题，数据跨境流动治理方面的冲突与融合在2023年更加凸显。欧盟及其成员国针对中美大型平台的执法力度持续加大。爱尔兰数据保护委员会因Meta公司违规向美国传输数据对其处12亿欧元罚款，并责令其在未来五个月内暂停将个人数据传输至美国的行为，并在六个月内删除已非法传输并储存的数据。同时，数据跨境流动的双边合作取得重要进展。欧盟与美国、日本，美国与英国、日本间的数据跨境流动取得突破。欧盟委员会通过《欧盟—美国数据隐私框架的充分性决定》，个人数据据此可以从欧盟的控制者和处理者转移到美国经认证的组织，而无须获得任何进一步的授权。欧盟与日本达成《欧盟—日本跨境数据流动协议》，取消数据本地化要求，确保企业在无须应对烦琐行政或存储要求的情况下有效处理数据。"英美数据桥"正式确定，英国企业和组织可根据数据桥安全可靠地将个人数据传输至美国认证组织。我国在《网络安全法》《数据安全法》《个人信息保护法》构筑的数据出境基本规则下，不断完善配套制度措施。《个人信息出境标准合同办法》《个人信息出境标准合同备案指南（第一版）》《规范和促进数据跨境流动规定（征求意见稿）》发布，推动个人信息出境标准合同制度正式落地，调整现有数据出境规则，减轻企业数据出境合规义务。

数据流通利用成为国际数据治理又一重点关注。欧盟《数据法案》对企业—用户（B2C）、企业—企业（B2B）、企业—公共部门（B2G）等场景的数据共享进行具体规定，旨在促进欧洲数据共享与再利用。英国《数据保护和数字信息法案》采取多项举措减轻企业数据合规成本为产业发展松绑。国内，国家全面布局数据要素市场发展。中共中央、国务院印发《数字中国建设整体布局规划》，将数据资源体系与数字基础设施并列为数字中国建设的"两大基础"。北京、上海、福建、江西等多地区均发布地方性文件，发挥数据要素作用，推动数据要素产业创新发展。

六、信任成为信息内容治理核心，未成年人保护与网络暴力为重点关切

客观而言，基于信息技术的所有应用和场景最终都要以"信息"为载体形式加以呈现。现代社会以信息为基础，对信息的整合和利用构成社会运行核心内容。信息社会的一切表征都可以泛化为信息，而社会的基本功能及其运行本质也开始转向对信息本身的产生、获取、处理和利用。正如欧盟委员会在《数字服务法》序言中所指出的那样，信息社会服务，尤其是中介服务，已经成为欧盟经济和欧盟公民日常生活的重要组成部分。这一客观的社会进程导致互联网信息服务成为足以影响社会福祉的公共性服务，并与国家安全、社会稳定、产业发展和公民保障密切相关。世界经济论坛《未来网络安全2030：新基础》白皮书认为"信任加固是未来十年网络安全努力的关键目标之一。错误和虚假信息的在线传播已经成为网络安全治理的核心。网络安全对于信息机密性和可用性的关注将有所减少，反之对于信息完整性和来源的关注将有所增加。"

一是未成年人保护与网络暴力治理成为重点关切问题。英国《在线安全法》在经历争议后正式获批成为法律，通过对社交媒体平台赋予严格的内容安全义务，明确其承担阻止和立即移除非法内容的法定责任，采取零容忍态度保护儿童免受网络伤害，旨在使英国成为世界上最安全的上网场所。新加坡《在线安全（杂项修正案）法》生效，规定信息通信媒体发展局可以向在线通信服务提供者发布指令，要求其删除、屏蔽特定的负面内容。在全球范围内，我国是较早制定专门的信息内容安全法律制度的国家之一，在长期的法治实践中逐步形成了颇具中国特色的制度结构。2023年聚焦未成年人保护与网络暴力、网络谣言治理。我国第一部专门性未成年人网络保护综合立法《未成年人网络保护条例》公布，将网络信息内容规范作为重要内容写入。国家网信办发布《网络暴力信息治理规定（征求意见稿）》，两高一部印发《关于依法惩治网络暴力违

法犯罪的指导意见》，从强化网络信息服务提供者治理责任，加强违法犯罪惩治力度等方面全面提升网络暴力治理效能。国家网信办发布《关于加强"自媒体"管理的通知》，要求加强"自媒体"管理，压实网站平台信息内容管理主体责任，健全常态化管理制度机制，推动形成良好网络舆论生态。

二是生成式人工智能、深度伪造等技术在信息内容方面的不当利用使得信息内容治理难度持续加大。对于ChatGPT"一本正经胡说八道"的担忧似乎仍然萦绕在耳畔，不论是个体利用人工智能生成虚假信息，还是国家行为体借此实现政治企图，均使得信息内容治理难度持续加大，公众对于所见所闻的信息内容的信任正在接受校验。美国国土安全部发布的《国土威胁评估2024》指出"新兴网络和人工智能工具的扩散和可访问可能会帮助国家行动者通过创建低成本、高质量的文本、图像和音频合成内容来支持他们的恶意信息活动"。兰德公司发布的《生成式人工智能兴起和即将到来的社交媒体操纵3.0时代》报告认为"可以肯定的是，生成式人工智能可以被用来制造更高质量的虚假或欺骗性信息。无处不在、功能强大的生成式人工智能的出现，通过扩大和实现对社交媒体的恶意影响操作，对国家安全构成潜在威胁"。EPIC发布的《危害产生：生成式人工智能的影响与未来之路》报告认为"人工智能生成内容涉及更宽泛的法律问题，即公众对于所见所听内容的信任。随着人工智能生成媒介的日渐普遍，假亦是真、真亦是假的情况也将越来越多"。考虑到此类内容在竞选等政治活动中可能造成的危害，EPIC等组织向美国联邦选举委员会提交请愿书，要求应对2024年选举前虚假信息的持续威胁，包括由人工智能生成的虚假信息。美国、德国、日本、加拿大等国发布的相关声明或指南文件中均关注到人工智能引入的信息安全风险问题。我国在《生成式人工智能服务管理暂行办法》中要求生成式人工智能服务提供者承担网络信息内容生产者责任，履行网络信息安全义务；美国白宫召集OpenAI、谷歌等七家人工智能领先企业作出自愿承诺，开发包括水印系统在内的技术机制，确保用户知晓哪些内容是由人工智能产生的，以获取公众信任。这些措施均是国家对信息内容领域新技术安全应用的回应。

七、基于风险的人工智能法治趋于理性，软硬法协同推进向善包容治理

目前人工智能技术仍处于"社会试验"状态，法律也是这一社会试验的重要组成部分。各国对人工智能发展和应用而引致的现实性和潜在性安全风险都有关注，试图厘清算法和模型背后的逻辑与法律逻辑之间的关系，在具体的监管方式与规制重点上各有特色，但基于风险的分类分级管理已然成为基本共识。欧盟以风险水平为导向，希望通过《人工智能法案》全面监管人工智能。高票通过的《关于制定〈人工智能法案〉和修订某些欧盟立法的提案的修正案》一是完善基于风险识别的监管体系，将人工智能应用的风险分为四类，尤其对"高风险"系统的提供者规定全流程风险管理措施；二是新增对类ChatGPT基础模型的特别监管措施，要求生成式人工智能的基础模型提供者采取风险控制、数据治理、质量管理等措施，模型投放市场前应在欧盟数据库中登记备案。这些举措反映了欧盟欲抢占人工智能领域制高点的战略意图。美国也支持基于风险的人工智能监管方法，但更侧重于商业发展优先，鼓励人工智能技术创新发展。美国总统拜登签署《关于安全、稳定和可信的人工智能行政令》，在保护美国用户隐私、促进公平和公民权利、维护消费者和工人权益、促进创新竞争等方面作出规定。聚焦内容安全、平台责任、公开透明、问责框架等方面，美国国会引入《要求曝光人工智能主导的政治广告法案》《监督新兴技术法案》《数字平台委员会法案》《人工智能测试法案》《联邦人工智能风险管理法案》等多项法案，其中《2023年人工智能研究、创新和问责法案》明确人工智能系统分类分级和安全管理要求，针对"关键影响""高影响"人工智能系统设定相应的风险管理评估与报告要求。此外，加拿大《人工智能和数

据法案》、巴西第 2338 号法案《提供人工智能使用规则》等取得实质性进展。当前，中国在人工智能领域的规定采用区分业务领域、区分技术方向的措施，针对人脸识别、深度合成、自动化推荐等应用场景制定专门监管规则。国家网信办等七部门联合发布的《生成式人工智能服务管理暂行办法》是我国首个针对生成式人工智能的部门规章，旨在平衡创新推动和风险管控。

鉴于人工智能技术、行业发展具有不可预知性，以新加坡、韩国、新西兰等为代表的国家对人工智能安全治理与监管采取"温和干预"的思路，在更具实质性监管的硬法规制之外，重点推进生成式人工智能指南制定。为应对类 ChatGPT 生成式人工智能带来的数据安全风险，新加坡通信和信息部宣布将根据《个人数据保护法》发布《在人工智能系统中使用个人数据的咨询指南》，支持生成式人工智能技术负责任开发和部署；韩国个人信息保护委员会发布《人工智能时代个人信息安全使用指南》，强调机器学习阶段要对个人信息进行匿名化处理并强化隐私增强技术等个人信息保护技术应用；新西兰隐私专员办公室发布《人工智能与信息隐私原则指南》，鼓励在人工智能工具实施的每个阶段，从数据收集和模型训练到用户使用，都考虑信息隐私原则。

法律之外，还有伦理、信念、教育等引导人工智能向善发展，设计和发展"有道德"的人工智能是全人类的共同追求。德治是适用范围最广泛的社会行为调节机制，2023 年以来，各国在人工智能技术伦理规范方面深入推进，重点关注人工智能系统设计和建造背后"人"的价值取向、伦理抉择、行为规范，探索建立以人为本的价值体系。政府间机构、国际组织成为引导人工智能向善治理重要力量，经济合作与发展组织关注人工智能大语言模型的"稳健性、安全性"原则；七国集团就《人工智能指导原则》《人工智能开发者自愿行为准则》达成一致，呼吁各组织在开发高级人工智能过程中，采取适当安全措施，监测投放市场后滥用行为，识别、评估并降低人工智能全生命周期安全风险，并实施负责任的信息共享和事件报告制度；欧洲委员会人工智能委员会发布《经修订的零草案框架：人工智能、人权、民主和法治框架公约》，概述平等和反歧视、隐私和个人数据保护、问责制与法律责任、透明度和监督、安全创新等人工智能管理基本原则；北约数据和人工智能审查委员会提出制定用户友好且负责任的人工智能认证标准。此外，中国发布《全球人工智能治理倡议》并参与签署《布莱切利宣言》，伦理先行的理念贯穿人工智能开发、设计和使用过程，反对技术滥用，维护人类尊严。

八、监管行动持续推进，聚焦平台与规模效应的网络执法效能日渐凸显

网络执法是落实立法要求，确保制度落地的重要手段，细化规范指引、明确监管对象、督促引导落实安全保护义务、惩治违法犯罪行为均是网络执法的有机组成部分。站在当前的历史节点，仅从立法角度看待网络安全治理已不能满足需求，评估立法实施效能，总结立法执法情况，理清主要违法行为和聚焦的违法对象，思考从个案争议到立法完善的距离很有必要。

2023年，欧盟GDPR、我国《网络安全法》《数据安全法》《个人信息保护法》等网络安全重要法律均已施行多年，相应的监管行动进入常态化阶段，在保障网络与数据安全方面取得显著成效。欧盟数据保护委员会近期表示GDPR在前5年半的应用是成功的，充分加强、现代化和协调了整个欧盟的数据保护原则。

从观察到的2023年全球网络执法情况来看，互联网巨头及大型平台是重点监管对象，如Meta、TikTok、X（前身Twitter）、谷歌、苹果、新浪、百度、腾讯、网易等在2023年均遭遇不同类型的执法行动。从针对的违法行为来看，数据安全、个人信息保护、信息内容治理、供应链安全、类ChatGPT生成式人工智能、反电信网络诈骗构成网络执法核心关注。

具体来说，TikTok因违规处理儿童数据、数据保护措施薄弱、违反广告cookie链接相关规定等违法行为，在爱尔兰、土耳其、英国、法国均被处罚。因未经用户同意擅自收集、存储和使用用户位置信息，谷歌支付9300万美元和解金。因多次拒绝将俄罗斯用户数据存储在俄罗斯境内的服务器，俄罗斯莫斯科一家法院对谷歌处以1500万卢布的罚款。针对抖音、新浪微博等网站平台存在法律、法规禁止发布或者传输的信息问题，我国国家网信办指导属地网信办分别依法约谈相关网站负责人，责令其限期整改，处置相关账号，从严处理责任人，并分别给予罚款行政处罚。针对快手、百度、腾讯微信、网易等网络平台履行主体责任不力，对其用户发布的信息未尽管理义务，造成淫秽色情、封建迷信、诱导充值、为劣迹艺人辩护等有害信息在网上传播问题，国家网信办指导属地网信办分别依法约谈相关网站负责人，责令其限期整改，处置相关账号，从严处理责任人，并分别给予罚款行政处罚[①]。除持续针对大型平台开展监管行动以外，中小型甚至微型组织同样进入执法视野，表明网络执法逐步全面化、精细化的同时，也引发社会对于执法尺度与温度的思考。

我国2023年在数据安全、个人信息保护、供应链安全、网络谣言和网络暴力治理方面持续发力。公安、网信、通信管理等部门依据《网络安全法》《数据安全法》《个人信息保护法》开展大量执法工作，综合运用监督检查、行政指导、行政处罚等手段，引导督促相关单位落实网络安全保护制度。首例公开披露的针对关键信息基础设施供应链的网络安全审查结果发布，审查发现美光公司产品存在较严重网络安全问题隐患，对我国关键信息基础设施供应链造成重大安全风险，影响我国国家安全。为此，网络安全审查办公室依法作出不予通过网络安全审查的结论。网信部门、公安机关持续开展晴朗、净网等专项行动，依据《网络安全法》《关键信息基础设施安全保护条例》开展的执法活动向纵深化、精细化推进，关键信息基

---

① 《聚焦违法违规 加大执法力度》，http://www.cac.gov.cn/2023-07/31/c_1692460653560853.htm。

础设施、供应链、"两高一弱"、LED大屏等重点对象和重点环节的执法全面深入。依据《数据安全法》《个人信息保护法》《反电信网络诈骗法》开展的执法活动显著增加。在树立法律权威、严格执法取得显著成果的同时，寻求执法温度、柔性执法的探索也稳步向前。

与此同时，网络执法本身的规范性水平持续提升。国务院办公厅印发《提升行政执法质量三年行动计划（2023—2025年）》，指出行政执法是行政机关履行行政府职能、管理经济社会事务的重要方式，行政执法质量直接关系法治政府建设成效。行动计划围绕全面推进严格规范公正文明执法等6项重点任务，提出17项具体工作举措，要求综合运用多种方式督促、引导受处罚企业加强合规管理、及时整改违法问题，防止以罚代管。公安机关将行政执法规范化建设作为重要任务之一，国家互联网信息办公室发布《网信部门行政执法程序规定》，工信部发布《工业和信息化行政处罚程序规定》，对执法活动提出规范化要求。

此外，部分重要立法虽施行不久，但对监管对象产生重要影响的监管举措已正式启动。2023年，欧盟委员会《数字市场法》《数字服务法》相继生效。《数字服务法》监管框架下的"超大型在线平台"已完成两批认定，超大型在线搜索引擎、《数字市场法》监管框架下的"守门人"及其提供的核心平台服务均已完成首批认定，主要针对谷歌、亚马逊、苹果、字节跳动、Meta、微软等大型互联网公司。部分经认定的互联网公司表示已着手开始合规工作，以符合《数字市场法》《数字服务法》要求。但该认定结果并未取得一致认可，部分互联网公司表示异议，如Meta对其提供的Messenger和Marketplace服务、字节跳动对TikTok被认定为"守门人"核心平台服务存在异议，已起诉至欧盟普通法院进行裁决。欧盟委员会近日表示已启动针对社交媒体平台"X"的"正式诉讼"程序，以评估其在风险管理、内容审核等方面是否违反《数字服务法》[①]。

---

① 《欧盟宣布启动对社交媒体平台"X"的"正式诉讼"》，https：//news.gmw.cn/2023-12/20/content_37039396.htm。

九、安全与发展辩证关系在量子技术推进与后量子密码迁移中得以深刻诠释

量子计算的巨大潜力引发新一轮技术变革和激烈竞争，量子信息技术及其产业链已成为国家安全的新内容。正如《数字中国发展报告（2022年）》指出，以量子计算等为代表的新技术加快实现从研究探索到商业落地的跨越。在此过程中，进一步放大和凸显了隐私泄露、技术滥用、价值渗透等科技法律、伦理和哲学价值问题。量子计算能力的跃升对现代密码学的安全风险正以一种前所未有的方式显现，并从底层"瓦解"现代密码学的数学和工程基础。与利用量子力学保护数据的量子密码不同，后量子密码是基于新的数学问题，在经典计算机上定义和执行算法，研究量子计算机和经典计算机都无法破解的新密码系统。

2023年，加拿大、英国分别发布《国家量子战略》，推动本国量子技术发展。英国将量子视为英国未来发展的五大优先技术之一，认为其对经济增长、国家安全和国防建设均至关重要，提出用十年时间，到2033年使英国成为世界领先的量子赋能经济体的愿景，将自2024年开始投入25亿英镑用于开发量子技术。加拿大表示将致力于在量子计算软硬件开发、部署和使用方面成为世界领导者，造福加拿大工业、政府和公民。

一直以来，密码安全问题就是算法构筑的"难解性"与计算能力之间的博弈。但这一传统的攻防关系随着量子计算的成熟而变得不再稳定，量子计算提供的强大计算能力将使现有的绝大部分公钥密码算法被攻破，迄今为止最为有效的"安全屏障"可能不再可靠。因此，尽管量子技术发展将带来新的契机，但各国在加快发展量子技术，试图借此抢占网络安全优势地位的同时，也超前布局量子技术风险防范措施，推动向后量子密码迁移，以保障本国免受量子技术威胁。欧洲政策中心发布的《欧洲量子网络安全议程》指出"具有密码价值的量子计算机的出现只是时间问题。这已经改变了威胁格局，一旦技术可用，对手就会用来下载加密信息进行解

密。"该中心认为有必要制定新的欧盟协调行动计划，以确保协调过渡到后量子密码。英国在《国家量子战略》中表示政府自身已经对关键信息和服务采取相应风险缓解措施，并提出任何能够管理自己的加密基础设施的组织都应当将量子安全过渡纳入长期计划，开展调查工作，确定当迁移标准可用时哪些系统应优先过渡。加拿大在《国家量子战略》中同样表示加拿大政府已经在安全通信机构的领导下开展工作，确保高度敏感数据免受量子威胁，后续将与加拿大研究人员和工业界合作，支持在易受量子威胁的技术中部署后量子密码。

2023年，美国仍在主导后量子密码迁移标准的制定。美国国家标准与技术研究院（NIST）作为负责制定后量子密码标准的机构，继多轮次算法筛选后，连续发布《FIPS 203：基于模块格的密钥封装机制标准》《FIPS 204：基于模块格的数字签名标准》《FIPS 205：基于哈希的无状态数字签名标准》初始公开草案。在推进标准制定的同时，美国三部门联合发布《量子准备：向后量子密码迁移》指南，为各组织着手开展后量子密码迁移工作进行指导，要求组织成立专门的项目管理团队，梳理并形成本组织易受量子攻击的系统和资产清单，摸清当前使用的加密技术，并重视供应链安全，加强与包括云服务商在内的技术供应商的合作。NIST发布《迁移到后量子密码：为考虑实施和采用量子安全密码做准备》指南草稿，帮助实体确定公钥算法在加密方案中的位置和方式，制定将这些算法迁移到量子密码的策略，以及执行互操作性和性能测试。

十、网络犯罪预防、打击、治理一体化基本共识形成，防治相关立法加速推进

与传统犯罪不同，网络犯罪具有高度可复制性，一旦开发，网络技术可共享、复制、出售甚至外包，实现犯罪技术市场化或提供"犯罪即服务"。在互联网、物联网、大数据、云计算、元宇宙、人工智能等各种网络

技术迭代升级背景下，犯罪分子利用ChatGPT、加密货币等进行犯罪辅助，犯罪纵向精细切割，横向分工细化，交错而成利益链条，形成复杂的网络犯罪生态，呈现泛罪名化、泛技术化、泛组织化、泛产业化、泛地域化等特点，给社会安全治理带来诸多挑战。2023年，勒索攻击仍是最具破坏性的网络犯罪类型之一。同时，网络犯罪给国家、组织和个人产生的影响也持续增长。澳大利亚信号局（ASD）发布的《2022—2023年ASD网络威胁报告》[①]中指出网络犯罪对澳大利亚企业的打击成本正以每年高达14%的速度增长。

鉴于此，各国网络犯罪治理思路从"回应型"趋向"预防型"。有效治理因误用、滥用新型网络技术导致的网络犯罪新业态的关键并不是从法律上否定技术本身的合法性，而是顺应新型网络技术被用于犯罪的进化趋势，转变犯罪治理逻辑，在规制流程上从下游犯罪穿透至源头规制。互联网服务提供者等多元主体都是网络犯罪前端治理的重要环节。个别国家最初期待企业通过自律行为治理平台上违法犯罪内容，但见效甚微；后来也开始通过立法赋予其一定的强制性义务，并结合比例原则，根据主体规模和业务影响程度，进行动态调整。英国《在线安全法》要求社交媒体平台对其网站和应用程序上的内容和行为所产生的儿童性虐待、恐怖主义、诈骗等犯罪风险进行评估和管理。新加坡《网络刑事危害法案》规定，若主管当局确信网络服务是或极有可能是用于实施、协助网络犯罪活动，且新加坡人可使用该服务进行网络活动，则主管当局可将该服务认定为"与网络犯罪相关的网络服务"；同时，主管当局可对该网络服务提供者发布行为守则，提供者必须采取所有合理可行措施遵守守则。欧盟《数字服务法》针对小微企业和超大型平台技术反制义务采取"阶梯式分配"。小微企业仅需履行最低程度合规义务，而超大型平台则被要求更加主动参与到非法内容治理活动之中，对系统性风险进行有效预见及防范。新加坡《网络在线安

---

① ASD, *Cyber Threat Report 2022-2023*. https://www.cyber.gov.au/about-us/reports-and-statistics/asd-cyber-threat-report-july-2022-june-2023。

全（杂项修正案）法》将具有重大影响的在线通信服务指定为"受监管的在线通信服务"（ROCSs），要求遵守专门行为守则。我国将网络犯罪防治法列入十四届全国人大常委会立法规划，拟全面加强电信、互联网服务提供者等主体在网络犯罪防治方面的法定义务。

除对内强化犯罪防治制度建设外，对外优化执法合作也是跨境网络犯罪治理的内生要求。网络犯罪的跨国性和复杂性的特征日趋凸显，依赖传统的国家治理机制难以抵御各类新型网络犯罪带来的风险和安全隐患，"建立国际合作快速反应机制，逐步建立全球性网络犯罪治理模式"是现实之需。2023 年，联合国作为网络犯罪治理的主平台作用凸显。《联合国打击网络犯罪公约》谈判稳步开展。谈判期间，各国普遍支持在尊重国家司法主权基础上，针对打击网络犯罪的现实需要，构建高效的司法合作机制，包括搭建"7 天 24 小时联络点"、便利电子证据合作等。健全区域性网络犯罪治理国际合作机制，跨境电子证据调取、犯罪信息共享、网安能力建设仍是焦点。欧盟理事会通过决议，授权成员国出于欧盟利益签署《〈网络犯罪公约〉加强合作和披露电子证据的第二项附加议定书》，涵盖域名注册信息调取、用户信息披露、流量数据获取、紧急情况即时合作、互助工具与个人信息保护措施等内容。欧洲议会通过《电子证据条例》《刑事诉讼中的电子证据：法律代表指令》，明确取证国当局可从服务提供商处调取订阅者数据、仅出于识别用户身份而请求的数据、流量数据、内容数据等四种类型的电子证据。欧洲刑警组织发布《欧洲刑警组织战略——通过伙伴关系提供安全保障》，旨在构建欧盟犯罪信息中心，促进即时通信、数据存储库的跨国迅速传输，支持加密货币追踪和网络犯罪调查。东盟部长级会议发布主席声明《东盟部长级会议 10＋1 与对话伙伴会议及三边会议主席声明》，提出加强东盟与欧盟、澳大利亚、日本等在广泛的传统和非传统安全问题方面的合作，加强网络安全能力建设，商定网络犯罪共同应对措施。《非洲联盟关于网络安全和个人数据保护公约》（以下简称《马拉博公约》）正式施行，促进非洲国家在调查和起诉网络犯罪方面与其他国家以及国际组织加强合作，共同打击网络犯罪并促进网络安全。特定类型犯罪打击方面，国际反勒索软件倡议（CRI）成员达成《国际反勒索软件倡议2023年度联合声明》，强调不向勒索犯罪团伙支付赎金；探索共同反制措施，创建"共同钱包黑名单"，所有成员共享勒索软件行为者使用的非法钱包数据；若某一成员的政府机关或关键部门遭受勒索攻击，承诺共同协助其进行响应。

第二章　2024年全球网络安全政策法律趋势展望

当前，信息技术发展与风险迭代升级相伴而生，技术利用与风险防范并行不悖，安全与发展的辩证统一始终是各国网络安全对内治理和对外合作的底层逻辑。正如世界经济论坛在《未来网络安全2030：新基础》白皮书中所指出的，"技术和商业模式创新（包括合法和非法）的加速将为2030年的新数字安全格局奠定基础。社会必须从根本上重新调整应对数字安全长期挑战的方式。"本报告认为，本轮数字革命带来法律治理工具的蓬勃发展，同时也在一定程度上导致单一工具供给透支和暂时枯竭。未来网络安全治理除立法、执法、司法等手段外，伦理、社会学、哲学底座等治理工具将发挥重要作用。2024年全球网络安全政策法律发展将呈现以下六大趋势。

一、趋势一：网络空间大国博弈背景下局部和暂时性妥协有望达成和延续

全球主要经济体对网络空间治理规则制定的主导权争夺将进一步激化，地缘政治等因素仍将成为影响网络空间大国博弈的关键因素。但本报告认为在关系前沿技术、军民两用、共同语境的数字、网络安全议题上，各国仍有极大可能达成妥协和一致。2023年11月全球人工智能安全峰会达成的《布莱切利宣言》与中国《全球人工智能治理倡议》的部分理念一致已经体现了这一趋势，而未来量子计算安全、拟制公共场所的扩张认定、数据安

全标准化应用等问题上，都可以预见各国会在包括双边、多边以及联合国等机构层面上建立一种包容性的妥协。

二、趋势二：数据赋能发展的制度保障仍需加强，跨境流动面临不确定性

数据作为数字经济的底层支撑，如何释放数据价值促进数字经济发展已成为全球经济复苏背景下的强烈政策导向。尽管各国出于多重价值考虑的数据治理规则存在差异、分歧和博弈，但整体经济态势仍在基础性上影响并最终决定了数据政策、法律的基调。下一阶段，如何完善数据治理机制，细化重要数据认定、数据权属等底层问题，推进执法司法走深走实，通过法治促动数字经济，通过数字经济激活实体产业将是数据法治工作重点和时代使命。

作为全球互联互通、数字经济全球化发展的重要支撑，全球主要经济体在数据跨境流动治理方面冲突与融合进一步凸显，表明数据跨境流动的规制分歧将在相当长一段时间内持续存在且难以弥合。同时，数据在全球范围内持续流动的现实需要对国家间开展数据跨境流动合作提出要求，各国基于双边或多边共同利益诉求，在数据跨境流动方面的共同体建设将持续加强。而此种合作与博弈之间的辩证关系的发展，将使得数据跨境流动面临更大的复杂性与不确定性。就我国而言，数据出境安全评估、个人信息出境标准合同等数据出境制度相继落地后，针对数据出境的监管活动逐渐展开并呈现严格监管态势，但随着数据出境制度实践的推进与数字经济的发展，更加便捷、高效的数据跨境流动多元管理机制正加速探索，国家互联网信息办公室发布的《规范和促进数据跨境流动的规定（征求意见稿）》，国务院发布的《关于进一步优化外商投资环境 加大吸引外商投资力度的意见》《全面对接国际高标准经贸规则推进中国（上海）自由贸易试验区高水平制度型开放总体方案》等均是优化营商环境的制度探索，以期

在数据安全保障与数据价值利用之间寻求更大平衡。未来，我国在数据出境安全与新的发展需求之间的侧重方向将进一步明确，数据跨境安全有序便利流动的政策法律保障将进一步完善。但其中，由于关涉国家安全、公共利益、经济发展等重要方面，国家在重要数据出境安全与便利之间的权衡将更为谨慎。对于《规范和促进数据跨境流动的规定（征求意见稿）》所明确的"未被相关部门、地区告知或者公开发布为重要数据的，数据处理者不需要作为重要数据申报数据出境安全评估"的规定，在正式稿中或将重新进行调整，以强化重要数据处理者责任，进而落实重要数据重点保护制度。

三、趋势三：网络执法的精细化、专业化、智慧化水平将大幅提升

坚持严格规范公正文明执法是《法治中国建设规划（2020—2025年）》《法治政府建设实施纲要（2021—2025年）》的共同要求，也是落实网络安全法治体系的必然要求。随着法律实施的不断深入，网络执法更加精细化，使得多法并行背景下执法的细节问题开始显现，如供应链中网络运营者和网络产品、服务提供者认定、云计算等新技术中的责任划分、涉案虚拟货币处置、执法管辖权等问题，均需在法理、法律研究、实践指引的共同推动下寻求破解之道。

同时，网信、公安、工信等部门已开展大量执法行动，并取得显著成效。执法进入常态化阶段对执法本身的规范性要求将更加凸显。多法并行如何准确适用法律，如何实现不同执法部门、不同层级、不同地域执法的一致性、协调性、规范性，提升执法的程序化、专业化、精细化、智慧化，是当下亟待思考的问题。此外，《法治中国建设规划（2020—2025年）》《法治政府建设实施纲要（2021—2025年）》均要求改进和创新执法方式，加强行政指导等非强制行政手段的运用，广泛运用说服

教育、劝导示范、警示告诫、指导约谈等方式，努力做到宽严相济、法理相融，让执法既有力度又有温度。如何在海量的个案中实现执法效果最大化，达到政治效果、社会效果、法律效果、舆论效果的统一需要监管部门、学术界、产业界共同思考。

值得一提的是，在执法领域，报告义务将持续凸显。近年来，"报告义务"是各国强化网络安全，特别是关键信息基础设施安全保护立法中的关注重点。虽然报告义务置于网络安全整体治理体系中只是一个小的环节，却是要求运营者等主动向监管部门上报自身存在漏洞等风险隐患或发生的安全事件，确保国家及时掌握安全形势的有效途径。因此，事件报告的立法动向，以及具体报告情形、时间、程序等制度细节以及政府将在接收报告后提供何种帮助、采取哪些措施一直受到监管部门和组织的关注。继2022年美国、欧盟通过多项立法涉及事件报告要求外，2023年国内外仍有诸多相关立法动向，以建立或细化义务细节。如临近年末，我国网信、工信部门发布的《网络安全事件报告管理办法（征求意见稿）》《工业和信息化领域数据安全事件应急预案（试行）（征求意见稿）》中对于"1小时""立即报告"的表述再次凸显监管部门对于报告环节的重视。

可以预见的是，我国公安、网信、工信等监管部门已充分意识到强化报告要求的重要性，除了继续通过制度文件要求网络运营者、数据处理者、个人信息处理者上报安全风险和安全事件外，在行政执法过程中也将进一步提高对于报告义务落实情况的重视程度，将其列为监督检查、专项行动重要检查内容之一。

四、趋势四：人工智能包容性、参与式治理纵深发展

人工智能是引领新一轮科技革命和产业变革的战略性技术，全球主要国家和组织皆加快了人工智能治理进程，从"风险管理""风险控制"走向"风险治理"。人工智能法律3.0带来的思考，是规则的适用性和技术修正

的可能性。在正确认识并协调"破坏性创新"与"试验性监管"的基础上，未来人工智能法治有望进一步推动软法与硬法有机结合，关注价值观、治理体系、治理对象、治理技术以及效果评价，形成一个持续优化、修复、完善的包容性体系。

虽然各国有模式路线之争，却并未影响全球人工智能监管共识的凝聚。减轻并缓释技术应用的不利影响、基于风险的人工智能分类分级监管已然成为全球性发展趋势。如何对不同类型的人工智能进行全面性风险评估和影响分析、如何制定分类分级标准、如何实现动态化管控、如何优化类型化治理而非"一刀切"监管，是未来人工智能法立法过程中亟需探讨且不可回避的问题。同时，人工智能带来的风险具有全球性特征，伴随政府间机构、国际组织、行业组织成为引导人工智能向善的重要力量，以科技伦理、技术标准等为代表的软法有望承担起防范化解人工智能风险的历史使命。

此外，人工智能的治理问题也需借助人工智能本身来解决。在人工智能法律 3.0 视域下，代码、人工智能等技术不再只是法律规制的对象，而是成为支持、补充法律规则的治理工具。数字水印、价值对齐等技术治理方案已然融入各国立法，大模型技术及产品评测逐步落地，未来对抗生成网络技术、安全增强学习技术、检测与过滤机制、隐私保护技术、区块链技术可进一步赋能安全可信人工智能生态。如何以法治标尺衡量治理技术，如何实现"技术法律化"是人工智能法治下一步要考虑的重要问题。

五、趋势五：新型网络犯罪治理趋向生态化、预防化、智能化

当前，全球网络犯罪呈现出传统犯罪网络化、网络犯罪链条化、跨地隐蔽打击难、技术更新迭代快等新的变化特点，对传统、单一的回应型打击模式提出新的挑战。在此背景之下，对网络犯罪的规制局限于任何一个

环节，都难达到预期效果，以生态治理应对网络犯罪生态化是必然趋势。可以预见，下一步我国网络犯罪生态治理与立法探索和实践，将向主动化、生态化、预防化、智能化、精准化方向发展；从单个环节的惩治转向全链条、全流程规制，落实网络实名制，加强黑灰产打击治理，消除网络犯罪赖以生存的环境。同时，伴随国际社会各方参与犯罪治理的积极性凸显，跨境电子证据调取、信息共享、犯罪打击与反制的规则之治有望进一步完善，网络犯罪治理的生态塑造将从国内治理、双边条约、单项合作进一步走向国际治理、国际公约、综合合作。

在微观层面来看，国际社会已然意识到链条化的网络犯罪在很大程度上是可预防的，企业是网络犯罪防治中的重要环节，但各国现行法律大多仅规定企业对犯罪的事后发现报告义务，事前预防、发现、处置的义务较为薄弱。伴随网络犯罪预防与治理逐步进入各国立法者视野，针对互联网服务提供者的内容审核、安全防控、信息披露、警示引导、及时处置、未成年人保护等义务将进一步明晰。但如何根据企业主体规模和业务影响程度动态调整犯罪防治义务边界，如何推动企业主体责任、公民自律责任、政府监督责任有机融合是下一步网络犯罪防治立法中要探讨的重要问题。

六、趋势六：后量子密码标准化将加速"特定重要"领域后量子密码迁移进程

后量子密码已进入到第一个发展鼎盛期，成为保障国家数字经济安全、助力数字经济高质量发展的前瞻性技术与核心竞争力。按照计划，美国 NIST 将于 2024 年正式发布第一批 PQC 标准，为向后量子密码迁移提供标准指引，如何构建兼容和弹性的国际化标准体系将成为标准化工作的难点。近年来，尽管美国、英国、加拿大等国发布战略、指南等文件，重视量子安全威胁，并为后量子密码迁移做好准备，但多为准备性工作，如提前识别本系统中可能受到量子计算安全威胁的信息系统，列

好迁移优先级等，但普遍性和基于"生产"网络和差异化的开展后量子密码迁移工作的较少。可以预见的是，随着PQC标准的正式发布和各种兼容、安全问题的进一步研究披露，将推动全球后量子密码迁移工作进行到新的阶段。

面对后量子密码迁移带来的机遇与挑战，中国也将从战略、政策、法律和标准层面做好后量子密码迁移的研判与部署。受限于特定时限内的资源和能力，政府需要优先框定具有迫切迁移需求的对象，并保障其迁移资源的合理分配和有效供给。国际层面已形成电力、能源、基础运营商、银行金融机构等具有"特定重要"的关键信息基础设施应优先迁移的共识。"特定重要"的关键信息基础设施领域不仅自身重要，也是其他关键信息基础设施运行的重点保障支撑，更是其他关键信息基础设施迁移的基础。

第三章 沿　　革

作为网络安全领域的专业智库，自 2017 年起公安部第三研究所网络安全法律研究中心整理网络安全政策法律要闻（月度），持续跟进全球相关动态，连续六年编制并向社会公开发布《全球网络安全政策法律发展年度报告》，为产学研各界提供研究素材、指明研究方向、勘定研究前沿，以期为促进我国网络与数据安全法治建设提供助力。

全球数据法治年度观察（2023）

摘 要

经过2018年欧盟《通用数据保护条例》(GDPR)实施以来新一轮数据保护立法浪潮及理念洗礼，全球数据保护无论是立法理念，还是具体规则落实均较前一阶段有了质的进步与发展。2023年，在数字化与全球化双重驱动及欧盟数据立法的巨大影响下，全球个人数据保护政策立法的繁荣态势依旧强势。一方面，约旦、斯洛文尼亚、越南、阿曼、坦桑尼亚、巴基斯坦、尼日利亚、阿尔及利亚等国家颁布了首部个人数据保护基本法，填补了本国在该领域的立法空白，也使全球拥有专门个人数据保护立法的国家群体持续壮大。另一方面，欧盟、英国、美国等个人数据保护或隐私保护立法先行者已进入规则细化、适用、完善甚至是调整期。以人脸识别数据为代表的特殊类型数据，以员工监控、数据出境为代表的特殊场景数据，以儿童为代表的特殊主体数据的保护问题受到监管部门的特别关注。我国《数据安全法》《个人信息保护法》框架下制度规范逐渐充实。备受关注的《网络数据安全管理条例》出台在望，数据出境、重要数据保护制度探索如火如荼。规则设计、执法尺度在监管与产业的互动、磨合中迅速调试，科学性与确定性逐渐提升。

"数据价值"得到立法上的认可与回应。曾被视为全球数据保护立法蓝本的GDPR不再是绝对的"政治正确"。包括欧盟、英国在内的诸多监管者已开始重新审视GDPR的制度设计并完善数据治理方案。以欧盟《数据法案》、英国《数据保护和数字信息法案》为代表的促进数据价值释放的法案已取得里程碑进展或提上立法进程。美国也开始讨论是否需要进行隐私保护立法改革以破除数据共享障碍。我国全面布局数据要素市场发展。《数字中国建设整体布局规划》提出的畅通数据资源大循环、国家数据局的组建、数据资产入表等均是贯彻这一发展理念的表征。

2023年，数字竞争依然是数据法治发展的底层逻辑之一。在全球新一轮数字科技革命和产业变革中，大力发展数字经济已经成为世界主要大国或地区提升国际竞争力的共同选择。一方面，各国积极在自身利益诉求最大公约数内寻求合作。《欧盟—美国数据隐私框架》落地，为跨大西洋数据流提供畅通机制。《欧盟—日本跨境数据流动协议》达成，为欧日数字贸易奠定基础。英国与新加坡达成新战略伙伴关系，探索促进跨境数据流动机制。另一方面，大国竞争背景下数据法治的法律工具主义倾向充分凸显。欧盟及其成员国对中美大型平台的执法力度持续加大，TikTok在诸多国家遭遇封禁等事件充分表明数据立法、执法既是维护国内安全秩序的重要方式，也是构筑国际竞争力抑或全球领导力的重要手段。

法随时变，新技术新应用发展到哪里，法治建设就覆盖到哪里。2023年，以ChatGPT为代表的生成式人工智能凭借卓越的自然语言处理能力成为人工智能技术发展的里程碑。与此同时，数据与隐私保护问题进一步凸显。如何在促进人工智能技术创新与发展的同时保护个人数据与隐私成为各国人工智能治理的重要考量。欧盟、美国、英国、加拿大等国家或地区已针对人工智能数据保护问题开展了一系列执法调查。数据与隐私保护也成为欧盟《人工智能法案》、美国《关于安全、可靠和值得信赖的人工智能开发和使用的行政令》以及我国《生成式人工智能服务管理暂行办法》等人工智能监管规范的重要内容。

未来已来。展望2024，必然是充满希望与挑战的一年。以生成式人工智能为代表的颠覆性技术引发人类对未来的无限想象，也不断冲击、重塑着现有秩序与规则。国际环境的复杂性与不确定性短期内将持续存在，国际规则的冲突与融合将呈现愈加复杂的形势。科技与法治、科技与人之间的关系该何去何从是各国立法者需要审慎思考、回答的时代之问。传导到数据法治领域，一味强调数据保护或兼顾数据利用的立法取向或难以满足蓬勃发展的技术需求、经济发展需求。不同的数据法治态度也将深度影响新一轮数字科技革命和产业变革中全球竞争格局。在此背景下，2024年，将是全球数据法治理念变革的重要一年。数据法治体系将在数据保护的基础上愈加充盈。作为数字经济立法的数据立法将进一步发展，以平衡个人与国家、政府与产业、发展与安全、国内与国际等多重价值目标，促进技术进步与法治变革的良性互动。

以本文视角来看，2024年全球数据法治重点将逐渐从规则塑造转向制度落实，地缘政治等因素将持续、深度影响全球数据治理格局，重要数据安全与数据出境监管动向尤为突出。以人工智能技术为代表的新一轮信息技术变革将持续冲击传统数据保护规则，如何应对及促进人工智能规范与传统数据保护规则协同亟待解决。数据为发展赋能将成各国经济复苏背景下的强烈政策导向，破除数据流通使用堵点，实现数据资源向数据资产转变，助力构建与数字生产力发展相适应的生产关系，将成为接下来各国数据立法的重要方向。以促进数据共享、交换等为目标的数据基础制度建设、数据流通规则、数据定价规则、数据服务生态以及数据安全生态建设等也将成为各国数据立法重要着力点。

目 次

第一章 概览：2023年全球数据法治态势 /049
  一、全球数据立法蓬勃发展，精细化、场景化趋势明显 /049
  二、数据法治冲突与融合并存，数据跨境成各国关注重点 /051
  三、数据与隐私保护成人工智能监管重要维度 /053
  四、数据要素性凸显，价值释放成各国数据立法重要导向 /055

第二章 回顾：2023年数据法治焦点、热点盘点 /057
  一、典型立法 /057
  二、热点事件 /075
  三、典型案例 /083

第三章 展望：2024年全球数据法治趋势研判 /099
  一、数据法治重点逐渐从规则塑造转向制度落实 /099
  二、地缘政治等因素持续影响全球数据治理格局 /100
  三、人工智能技术将持续冲击传统数据保护规则 /101
  四、数据为发展赋能将成各国数据立法共同诉求 /101

第一章 概览：2023年全球数据法治态势

经过2018年欧盟GDPR实施以来新一轮数据保护立法浪潮及理念洗礼，全球数据保护无论是立法理念，还是具体规则落实均较前一阶段有了质的进步与发展。2023年，全球数据法治在世界变乱交织，百年变局加速演进，国际政治纷争和军事冲突多点爆发，世界经济增长动能不足，国内经济大循环存在堵点，高质量发展成国家首要任务，人工智能技术取得突破性进展的背景下，呈现出一些新的特点。

一、全球数据立法蓬勃发展，精细化、场景化趋势明显

2023年，在数字化与全球化双重驱动以及欧盟数据立法的巨大影响下，全球个人数据保护政策立法取得长足发展。一方面，约旦、斯洛文尼亚、越南、阿曼、坦桑尼亚、巴基斯坦、尼日利亚、阿尔及利亚等国家颁布了首部个人数据保护基本法，填补了本国在该领域的立法空白，也使全球拥有统一个人数据保护制度的国家群体持续壮大。另一方面，欧盟、英国、美国等个人数据保护或隐私保护立法先行者已进入规则细化、适用、完善甚至是调整期。欧盟持续推进GDPR框架下的规则完善，先后发布《关于GDPR第3条地域适用范围与第五章跨境传输规定之间相互作用的05/2021号指南》明确"向第三国或国际组织转移个人数据"概念；《关于

数据主体权利的准则：访问权》指导访问权实施。此外，欧盟还发布了《GDPR 框架下个人数据泄露通知准则（2.0 版）》《关于将认证作为转移工具的第 07/2022 号准则》《GDPR 框架下行政罚款的计算准则》等。成员国层面，法国数据保护机构（CNIL）发布更新版《GDPR 实用指南：个人数据安全》，西班牙数据保护机构（AEPD）发布《匿名化指南Ⅲ：再识别风险》。德国汉堡数据监管机构（HmbBfDI）发布《数据泄露通知指南》，明确数据泄露时应采取的应急措施。美国《2023 年数据保护法案》《数据删除、限制大范围跟踪和交换（删除）法案》先后进入国会立法审议程序，试图在联邦立法层面完善美国个人数据保护制度、数据经纪人制度。美国国家网络安全卓越中心发布的《实施数据分类实践》，指出企业面临多重数据安全合规要求。

特殊类型数据、特殊场景、特殊主体的数据保护问题受到监管特别关注。为强化面部等生物识别信息的保护，日本个人信息保护委员会发布《热像仪使用指南》，规范热成像相机中的面部图像信息处理活动。欧洲数据保护委员会发布《执法领域面部识别技术使用指南》，呼吁全面禁止在公共场所使用人工智能技术进行生物识别。针对就业场景下的数据保护突出问题，韩国个人信息保护委员会发布《个人信息保护准则（人事劳务篇）》。英国信息专员办公室（ICO）发布《员工监控指南》，强化雇主开展员工监控活动的合法性、透明性与公平性。挪威数据保护局发布《员工监控中的电子设备使用指南》，为以合法方式监控员工电子设备使用情况提供指引。针对青少年或其他特殊主体的数据保护问题，加拿大隐私监管机构审议通过了《关于青少年隐私和工作场所隐私的决议》，强调加强青少年及雇员隐私保护。俄罗斯政府向国家杜马提交法案，要求在俄罗斯《个人数据法》中增加新条款，对特定人员的个人数据处理制定特别规定。

我国《数据安全法》《个人信息保护法》框架下的制度规范逐步完善。国务院发布《未成年人网络保护条例》，专门阐述保护未成年人个人信息。《个人信息出境标准合同办法》出台。《工业和信息化领域数据安全管理办法（试行）》正式施行。国家网信办、工信部、中国人民银行、财政部等先后又发布了《个人信息保护合规审计管理办法》《网络安全事件报告管理办法》《工业和信息化领域数据安全风险评估实施细则（试行）》《中国人民银行业务领域数据安全管理办法》等征求意见稿。重要数据识别与保护的探索与实践加速推进。上海开展"浦江护航"2023年电信和互联网行业数据安全专项行动，要求相关电信和互联网企业落实重要数据和核心数据识别认定及目录管理任务。上海探索开展数据分类分级、制定重要数据目录等工作。国家标准《重要数据识别指南》正式向国家申请报批，并与同期报批的《数据分类分级规则》合并，全国信息安全标准化委员会发布《重要数据处理安全要求（征求意见稿）》落实重要数据重点保护要求。国家互联网信息办公室发布《规范和促进数据跨境流动规定（征求意见稿）》，针对重要数据出境安全评估问题作出规定。

二、数据法治冲突与融合并存，数据跨境成各国关注重点

2023年，各国依据自身国情和利益诉求形成的不同数据治理主张在全球层面不断产生碰撞与冲突，为全球数据治理的推进带来系列挑战。数据全球化不断引发数据安全治理挑战，相关问题层出不穷且复杂性高。尽管在治理分歧下寻求全面、充分融合缺乏现实基础与可能，但在利益诉求最大公约数内寻求合作，在数据治理方面逐渐凝聚更多共识的探索与实践并未止步。其中，作为数据法治的重要议题，数据跨境流动治理方面的冲突与融合更加凸显。

欧盟及其成员国针对中美大型平台的执法力度持续加大。爱尔兰数据保护委员会因Meta公司违规向美国传输数据对其处12亿欧元罚款，并责令其在未来五个月内暂停将个人数据传输至美国的行为，在六个月内删除已非法传输并储存的数据。比利时以威胁国家安全为由禁止在政府设备上

使用TikTok应用程序。美国通过加强对中国数字平台的监管以保护本土企业。蒙大拿州以数据安全问题为由在全州发布禁止使用TikTok的禁令，之后因违宪被法院暂停生效；佛罗里达州多所大学陆续宣布在校园网络和公共设备中封禁TikTok、QQ和微信等多个APP和软件。英国、法国、加拿大等国家也陆续禁止在政府设备上使用TikTok应用程序。

同时，数据跨境流动的双边合作取得重要进展。欧盟委员会于2023年7月通过《欧盟—美国数据隐私框架的充分性决定》，个人数据可以从欧盟的控制者和处理者转移到美国经认证的组织，而无需获得任何进一步的授权。为保障个人数据安全，充分性决定引入新的具有约束力的保障措施，以解决欧盟法院对美国情报活动提出的所有问题。欧盟与日本10月达成《欧盟—日本跨境数据流动协议》，取消数据本地化要求，确保企业在无需应对烦琐行政或存储要求的情况下有效处理数据。英国议会9月21日制定充分性认定条例，"英美数据桥"正式确定，英国企业和组织可根据数据桥安全可靠地将个人数据传输至美国认证组织。美国、日本3月发布联合声明，就实施可信数据自由流动和跨境数据流动达成共识。10月，双方同意就个人数据和隐私保护开展合作，计划通过双边和多边协调与合作伙伴开展外联活动，以促进全球跨境隐私规则（CBPR）论坛的势力扩张。

我国在《网络安全法》《数据安全法》《个人信息保护法》构筑的数据出境基本规则框架下，不断完善配套制度措施。国家互联网信息办公室2月、5月陆续发布《个人信息出境标准合同办法》《个人信息出境标准合同备案指南（第一版）》，个人信息出境标准合同继数据出境安全评估后正式落地。从数据出境制度实施情况来看，各省网信办受理数据出境安全评估申报数量合计千余件，其中北京、上海受理申报的数量最多。通过率方面，可查询的公开渠道显示通过国家网信部门数据出境安全评估的企业共计29家，整体占比低。北京、浙江、海南、江西、湖北、湖南等省份陆续有企业通过省级网信部门个人信息出境标准合同备案。中国网络安全审查认证和市场监管大数据中心（原中国网络安全审查技术与认证中心）向珠海澳科大科技研究院、支付宝（中国）网络技术有限公司、北京华品博睿网络技术有限公司、京东科技信息技术有限公司等5家企业颁发首批个人信息保护认证证书，个人信息保护认证实施工作迈出重要一步。推进数据出境规则落地的同时，为探索优化营商环境，探索数据跨境流动安全管理便利化机制，国家互联网信息办公室于9月发布《规范和促进数据跨境流动规定（征求意见稿）》，调整现有数据出境规则，减轻企业数据出境合规义务。政策层面，国家互联网信息办公室与香港特区政府创新科技及工业局于6月签署《关于促进粤港澳大湾区数据跨境流动的合作备忘录》，在国家数据跨境安全管理制度框架下，建立粤港澳大湾区数据跨境流动安全规则，促进粤港澳大湾区数据跨境安全有序流动，推动粤港澳大湾区高质量发展。国务院8月印发《关于进一步优化外商投资环境 加大吸引外商投资力度的意见》，提出探索便利化的数据跨境流动安全管理机制，为符合条件的外商投资企业建立绿色通道，支持北京、天津、上海、粤港澳大湾区等地试点探索形成可自由流动的一般数据清单；11月印发《全面对接国际高标准经贸规则推进中国（上海）自由贸易试验区高水平制度型开放总体方案》，明确探索建立合法安全便利的数据跨境流动机制，提升数据跨境流动便利性。

三、数据与隐私保护成人工智能监管重要维度

2023年，以ChatGPT为代表的生成式人工智能凭借卓越的自然语言处理能力成为人工智能领域的里程碑，对经济社会发展和未来科技进步产生深远影响。与此同时，以海量数据收集与处理为运行基础的人工智能尤其是生成式人工智能的数据与隐私保护问题进一步凸显。如何在促进人工智能技术创新与发展的同时，保护个人数据与隐私成为各国人工智能犯罪治理的重要考量。

2023年3月，ChatGPT发生用户对话及支付数据泄露事件不久，意大利个人数据保护局发布临时禁令，禁止ChatGPT处理意大利用户个人数据

并对其GDPR的合规性开展调查。4月，欧洲数据保护委员会成立专门工作组以协调ChatGPT相关执法行动。继意大利之后，加拿大隐私专员办公室以OpenAI未经同意收集、使用个人信息为由，对OpenAI展开调查。日本个人信息保护委员会向OpenAI发出警告，强调未经同意不得收集ChatGPT用户或其他人的敏感个人数据。美国联邦贸易委员会也对ChatGPT对于用户隐私或数据安全问题是否存在不公平或欺骗性行为开展调查。2023年7月，因未及时报告ChatGPT用户数据泄漏情况，OpenAI被韩国个人信息保护委员会罚款360万韩元。除依据数据保护法律法规针对人工智能开展一系列执法调查外，数据与隐私保护也是各国人工智能政策与立法的重要内容。欧盟方面，欧盟正在制定的《人工智能法案》将"隐私和数据治理"纳入人工智能系统开发、使用的六项原则之一，要求高风险人工智能系统应建立数据管理制度，高风险人工智能系统部署者在系统投入使用前，应进行基本权利影响评估。美国方面，2023年10月，拜登签署的《关于安全、可靠和值得信赖的人工智能开发和使用的行政令》特别关注了人工智能发展中的隐私保护问题。行政令指示采取包括联邦政府优先支持隐私保护技术的开发和使用、评估各机构如何收集和使用商业信息、为联邦机构制定评估隐私保护技术有效性指南等在内的多项行动防范相关风险。欧美之外，英国、新加坡、新西兰等均针对人工智能中的数据保护问题发布了相关规定。英国信息专员办公室发布《人工智能和数据保护指南》，详细解释英国GDPR规则在人工智能系统中适用。新加坡个人数据保护委员会发布《关于在人工智能推荐和决策系统中使用个人数据的指南（征求意见稿）》，对新加坡《个人数据保护法》的适用问题作出明确规定。英国、新西兰、加拿大、澳大利亚等多个国家与地区的数据保护机构发布《关于数据抓取和隐私保护的联合声明》，特别强调即使所收集的信息是公开的，数据抓取技术从互联网上收集和处理个人信息的能力仍然引发了重大的隐私问题。

个人信息保护与数据安全同样是我国人工智能健康发展的内在要求。

早在 2022 年科技部、教育部、工信部等六部门联合发布的《关于加快场景创新以人工智能高水平应用促进经济高质量发展的指导意见》中就明确强调，要加强"数据底座"的安全保护，对个人信息、商业秘密、行业重要数据等依法予以保护。2023 年 7 月，国家网信办、国家发改委、教育部、科技部等七部门联合发布了我国首份针对生成式人工智能的监管文件——《生成式人工智能服务管理暂行办法》。数据的规范使用是该《办法》的重要内容之一。《办法》要求开展预训练、优化训练等训练数据处理活动应当遵循《数据安全法》《个人信息保护法》要求，使用具有合法来源的数据，涉及个人信息的应当取得个人同意或者符合法律、行政法规规定的其他情形。2023 年 10 月，我国发布的《全球人工智能治理倡议》强调，要逐步建立健全法律和规章制度，保障人工智能研发和应用中的个人隐私与数据安全，反对窃取、篡改、泄露和其他非法收集利用个人信息的行为。

四、数据要素性凸显，价值释放成各国数据立法重要导向

自欧盟 95 指令以来，个人数据保护问题始终在各国网络安全政策立法框架占据重要地位，特别是在 GDPR 之后，一些国家几乎对其予以全面复刻并不断进行改良、调整和细化。值得关注的是，2023 年，曾被视为全球数据保护立法蓝本的 GDPR 不再是绝对正确的，包括欧盟、英国在内的诸多监管者已开始重新审视 GDPR 的制度设计并完善数据治理方案。欧盟继《数据治理法》全面施行后又通过《数据法》。作为促进欧盟数据流通规则，《数据法》赋予用户更广泛的访问权并明确终端用户有权在云和边缘服务提供商之间有效切换，以促进数据共享与再利用。英国推出《数据保护和数字信息法案》，采取多项举措减轻企业数据合规成本，为产业发展松绑。例如，取消了非在英国设立的控制者和处理者任命英国代表的要求，免除了雇用少于 250 人且没有高风险处理的组织的记录保存要求，将"合法利益评估"转变为预先确定的"公认合法利益清单"，帮助企业更好地确定合法

利益的存在情形。美国也开始讨论是否需要进行隐私保护立法改革以破除数据共享障碍。

我国全面布局数据要素市场发展。中共中央、国务院印发《数字中国建设整体布局规划》，将数据资源体系与数字基础设施并列为数字中国建设的"两大基础"，强调畅通数据资源大循环，推动公共数据汇聚利用，释放商业数据价值潜能。为加强对数据的管理、开发、利用，党和国家机构改革组建国家数据局，负责协调推进数据基础制度建设，统筹推进数字中国、数字经济、数字社会规划和建设。财政部印发《企业数据资源相关会计处理暂行规定》，明确了数据资源会计处理适用的范围、准则、列示和披露要求，迈出了从数据资源到数据资产转化的重要一步。北京、上海、福建、江西等地也开始数据要素价值释放的路径探索。北京发布《关于更好发挥数据要素作用进一步加快发展数字经济的实施意见》，提出"力争2030年数据要素市场规模达到2000亿元"的目标。上海发布《立足数字经济新赛道推动数据要素产业创新发展行动方案（2023—2025年）》，提出要全力推进数据资源全球化配置、数据产业全链条布局、数据生态全方位营造，着力建设具有国际影响力的数据要素配置枢纽节点和数据要素产业创新高地。

第二章　回顾：2023年数据法治焦点、热点盘点

一、典型立法

1. 欧盟《数据治理法》全面施行

9月24日，欧盟《数据治理法》（Data Governace Act，DGA）全面施行。DGA要点包括：（1）规范公共部门机构对于其持有的特定类别受保护数据（如个人数据和商业机密数据）的重复使用行为；（2）制定适用于数据中介服务的具体规范。数据中介服务作为中立的第三方，将个人和公司与数据用户联系起来；（3）规定由欧盟委员会成立欧洲数据创新委员会，由来自不同机构的代表组成，包括欧洲数据保护委员会（EDPB）、欧洲数据保护监管机构（EDPS）和欧盟网络安全局（ENISA）；（4）制定非个人数据的国际传输规则。

2. 欧盟理事会批准《数据法案》

11月27日，欧盟理事会批准《数据法案》（Data Act）。

根据法案，连接设备的用户将有权访问并与第三方共享设备生成数据。欧盟委员会将制定数据共享合同范本，提升中小企业在数据共享协议谈判中的谈判能力。公共部门机构将在特定条件下有权访问和使用私营公司所持数据。终端用户有权在云和边缘服务提供商之间有效切换。

下一步,《数据法案》将在欧盟官方公报上公布,并在公布20天后生效,自生效之日起20个月后开始适用,其中第三条第一款将在生效之日起32个月后适用。

3. 欧盟理事会、欧洲议会就《人工智能法案》达成临时协议

12月9日,欧盟理事会、欧洲议会就《人工智能法案》(EU Artificial Intelligence Act)达成临时协议。该法案将成为全球首部人工智能领域的全面监管法规,监管大语言模型聊天机器人的基础模型(如ChatGPT)和实时生物识别技术(如面部识别)。

欧盟委员会于2021年4月提出《人工智能法案》,严格禁止"对人类安全造成不可接受风险的人工智能系统",包括有目的地操纵技术、利用人性弱点或根据行为、社会地位和个人特征等进行评价的系统等。与先前的提案相比,《人工智能法案》的新内容主要为:(1)对未来可能引发系统性风险的高影响通用人工智能模型以及高风险人工智能系统制定规则;(2)修订管理制度,赋予欧盟一定执法权;(3)扩大禁止清单,执法部门可以在公共场所使用远程生物识别技术但必须遵守保障措施;(4)更好地保护权利,规定高风险人工智能系统的部署者有义务在人工智能系统投入使用前进行基本权利影响评估。

立法者同意禁止以下人工智能系统或应用:(1)使用敏感特征的生物识别分类系统;(2)从互联网或监控录像中无针对性地获取面部图像,以创建面部识别数据库的应用;(3)在工作场所和教育机构中的情感识别应用;(4)基于社会行为或个人特征的社会评分系统;(5)操纵人类行为以规避其自由意志的人工智能系统;(6)利用人类的弱点的人工智能系统。

4. 欧洲议会通过创建欧洲健康数据空间的提案

12月13日,欧洲议会通过创建欧洲健康数据空间(European Health

Data Space，简称 EHDS）的提案，旨在改善欧盟各国对个人健康数据的访问，并加强研究数据的安全共享。

EHDS 将使欧盟公民能够在成员国之间查阅自己的健康记录，包括处方、医疗图像和实验测试。此外，EHDS 还将促进癌症和罕见病等研究领域的综合健康数据的共享，同时确保提供严格的隐私保障。

提案主要特点包括：明确健康数据的可转移性权利；规定将国家健康数据的访问点整合到 MyHealth@EU 平台；对电子健康记录系统提供者作出严格规定。同时，提案还禁止将健康数据用于广告或保险评估。

欧洲议会强调了强有力的隐私保护措施，建议对二次使用数据实行选择退出（opt-out）系统，对基因信息等敏感数据实行强制性明确同意制度。此外，议会还寻求扩大在劳动和金融等部门进行二次使用数据的禁止范围并确保共享数据有助于医疗进步，而不受知识产权保护的限制。

5. 拜登签署《关于安全、可靠和值得信赖的人工智能开发和使用的行政令》

10 月 30 日，美国总统拜登签署《关于安全、可靠和值得信赖的人工智能开发和使用的行政令》（Executive Order on the Safe, Secure, and Trustworthy Development and Use of Artificial Intelligence）。该行政命令为 AI 安全提出了诸多新要求，例如要求企业开发的基础模型对国家安全、国家经济安全或国家公共健康安全构成严重风险的，在训练模型时应通知政府且与联邦政府共享相关安全测试结果。

该行政命令也关注到了 AI 中的隐私保护问题，呼吁国会通过数据隐私立法，指示采取包括联邦政府优先支持隐私保护技术的开发和使用、评估各机构如何收集和使用商业信息、为联邦机构制定评估隐私保护技术有效性指南等在内的多项行动防范相关风险。

6. 美国加州《2020 年加州隐私权利法》生效

1 月 1 日，美国加州的《2020 年加州隐私权利法》（California Privacy

Rights Act，CPRA）开始生效。

CPRA 对《2018年加州消费者隐私法》（CCPA）进行一系列修订，要求企业在消费者要求下不分享消费者个人信息，并为消费者提供拒绝接受个性化广告服务的选项。CPRA主要通过扩大适用范围、赋予消费者更多权利来对CCPA的内容进行修订。其要点包括：（1）适用范围。CPRA通过修改现有的门槛标准以及添加新的组织类别来修改受CCPA约束的组织类型，其引入的修正案也旨在澄清有关CCPA适用的不确定性。（2）将"敏感个人信息"界定为与"个人信息"相区别的全新数据类别。（3）扩大"服务提供商"定义。根据书面合同为企业处理信息的个人、法律实体或团体也包括在"服务提供商"之内。

此外，CPRA引入并修改了适用于数据生命周期不同阶段的多项企业义务，包括：（1）收集数据。CPRA对"控制收集"个人信息的企业规定了收集前通知的要求。此前CCPA仅对直接收集个人信息的企业有此规定；（2）存储数据。对于向消费者披露的信息，企业必须严格遵守特定保留期限的要求；（3）使用和传播。CPRA增加了关于使用敏感个人信息的两项主要义务：一是应当遵守数据最小化原则，二是应当设置特定的选择退出选项；（4）激励计划。CPRA特别指出，尽管禁止企业的消费者歧视行为，但不禁止企业开展忠诚度或奖励计划。

消费者权利方面，CPRA赋予消费者更多控制权。其中四项修订值得注意：（1）除特定例外情况，企业负有通知所有第三方删除消费者信息的义务。该条改变了CCPA仅要求企业将删除请求告知服务提供商的规定；（2）CPRA明确消费者有权拒绝向第三方共享、出售数据；（3）为消费者提供"退出"选项，消费者具有选择权，有权决定是否将敏感个人信息披露或用于广告、营销；（4）CPRA加强了消费者在数据可移植性方面的权利。除上述条款外，CPRA还规定在收集16岁以下的消费者数据之前，必须获得许可；在收集13岁以下的消费者数据之前，必须获得其父母或监护人的许可；应消费者的要求，企业应当纠正消费者不准确的个人信息。

7. 加州州长签署 SB362《删除法案》

10月10日，加州州长签署 SB362《删除法案》，使其正式成为法律并于2026年起实施。

该法案将对数据经纪人提出新的要求并授予个人新权利，尤其是个人的信息删除权。法案要求数据经纪人在加州隐私保护局登记注册，数据经纪人每三年要接受一次独立的合规审计。数据经纪人应当建立一个信息删除机制，一旦消费者提出删除请求，拥有其个人信息的数据经纪人均应当删除相关数据。收到消费者删除请求的数据经纪人不得出售或分享消费者个人信息。接下来，法案将进入州长签署阶段。

8. 印度总统批准《数字个人数据保护法》

8月11日，印度总统正式批准《2023数字个人数据保护法》（The Digital Personal Data Protection Act 2023），次日该法在《印度公报》公布。该法主要内容如下：

（1）个人数据保护措施。该法规定数据受托人（Data Fiduciaries）进行数据收集、存储或对个人数据进行任何其他处理过程中的义务，明确数据主体权利义务，并确定对违反义务的经济处罚。

（2）法案目标。除保护个人数据外，该法致力于以最小的干扰引入数据保护法，确保数据信托机构处理数据的方式进行必要的改变，提高生活和营商便利度，以及赋能印度的数字经济及其创新生态系统。

（3）个人数据保护原则。该法明确个人数据保护的七大原则，即：① 基于同意、合法和透明使用个人数据的原则；② 目的限制原则；③ 数据最小化原则；④ 数据准确性原则；⑤ 存储限制原则；⑥ 合理安全保障原则；⑦ 问责原则。

（4）数据受托人义务。该法规定，数据受托人应当遵守以下义务：采取安全保障措施防止个人数据泄露、向受影响的数据主体和数据保护委员会通报个人数据泄漏情况、实现处理目的后及时删除数据、撤销同意后删除个人数据、建立申诉系统恢复数据委托人的查问、履行被认定为重要数据受托人的额外义务,例如任命数据审计员并定期进行数据保护影响评估。

(5) 儿童个人数据保护。该法要求数据受托人仅在父母同意的情况下处理儿童的个人数据,并且不允许进行有损儿童福祉或基于跟踪、行为监控或投放定向广告为目的的数据处理。

(6) 豁免。该法规定了以下豁免适用情形,包括指定机构为实现安全、主权、公共秩序等利益;用于研究、存档或统计目的;初创公司或其他指定类别的数据受托人;行使合法权利和主张;履行司法或监管职能;预防、侦查、调查或起诉犯罪行为;根据外国合同在印度处理非居民的个人数据;经批准的合并、分立等;寻找违约者及其金融资产等。

(7) 数据保护委员会的主要职能。该法规定委员会享有以下职权:提供数据泄露补救或减轻损失的指示;调查数据泄露和投诉并处以经济处罚;为投诉制定替代争议解决方案并接收数据受托人的自愿承诺;建议政府封锁屡次违反法案规定的数据受托人的网站、应用程序等。

9. 英国上议院审议《数据保护和数字信息法案(修正案)》

12月19日,英国上议院审议《数据保护和数字信息法案(修正案)》[Data Protection and Digital Information Bill(Amendment Paper)]。该修正案旨在进一步改善数据安全、加强国家安全和防止欺诈。

修正案内容包括:(1) 更好地利用数据识别欺诈行为,打击意图骗取纳税人钱财的福利欺诈者。相关部门有权要求银行和金融机构等第三方提供数据,帮助英国政府减少福利欺诈。(2) 保存已故儿童数据以支持死者家属和验尸官调查的新措施。在儿童自杀死亡的情况下,拟议的"数据保存程序"将要求社交媒体公司保留任何相关的个人数据,以便用于随后的调查。(3) 使用指纹等生物识别数据来加强国家安全。如果一个人在外国曾被判定有罪,他们的生物识别信息能够无限期地保留。

10. 俄罗斯第 266 号联邦法律关于个人数据跨境传输的规定开始生效

3月1日，俄罗斯第 266 号联邦法律［《俄罗斯联邦个人数据法（修正案）》］中关于向国外转移个人数据的规定开始生效。此前，大部分修正案内容已于 2022 年 9 月 1 日起生效。

俄罗斯联邦通信、信息技术和大众通信监督局（Roskomnadzor）发布公告强调，它将审查运营商提交的通知，并在审查后决定是否禁止或限制将个人数据转移至其他国家。在提交此类通知后的 10 个工作日内，运营商不得向无法为个人数据主体权利提供充分保护的国家转移数据。

Roskomnadzor 明确指出，在 3 月 1 日之前已经提交跨境转移通知的运营商，只要未涉及新的跨境数据流（流向新的国家或用于新的目的），则不必在该日期之后再次提交通知。

11. 日本最新修订的《个人信息保护法》正式施行

4月1日，日本最新修订的《个人信息保护法》（個人情報保護法について，APPI）正式施行。最新版 APPI 要点包括：

（1）在条文数目上，从上版条文的 88 条扩充为 185 条，共八个章节，包括总则、国家和地方政府的责任和义务、个人信息保护措施、个人信息处理的企业义务、行政机关的义务、个人信息保护委员会、杂项规定以及处罚规定；

（2）在制度层面，APPI 合并原《个人信息保护法》《行政机关个人信息保护法》以及《独立行政法人信息保护法》，涵盖了地方公共团体的《个人信息保护条例》，以统合此前分散规定的个人信息保护制度；

（3）在机构层面，将管辖机构统一为个人信息保护委员会。在杂项规定中，APPI 统合了医疗、学术领域的个人信息保护规则，进行了细节规定。此外，APPI 还明确规定行政机关等对匿名化信息的处理规则。

12. 瑞士新修订的《联邦数据保护法》及实施条例 9 月 1 日生效

9 月 1 日,瑞士新修订的《联邦数据保护法》(Federal Act on Data Protection,FADP)及其实施条例生效。一同生效的还有《FADP 实施条例》以及修订后的《数据保护认证条例》。修订后的 FADP 适用范围与 GDPR 一致,适用于自然人个人数据的处理,不再包含法人实体的数据。敏感数据定义已扩展至包括遗传和生物识别数据。

13. 斯洛文尼亚《个人数据保护法》生效

1 月 26 日,斯洛文尼亚《个人数据保护法》〔Zakon o varstvu osebnih podatkov(ZVOP-2)〕正式生效。

该法具有域外适用效力。如果数据控制者或处理者是在斯洛文尼亚注册,且个人数据是在控制者或处理者的活动框架内进行,那么就应当依据本法。如果数据控制者或处理者是在欧盟以外注册,且个人数据是在其活动框架内进行,但如果该数据处理活动涉及向斯洛文尼亚境内的个人提供货物或服务,都要依据本法。

14. 越南发布《个人信息保护法令》

4 月 17 日,越南政府正式发布《个人数据保护法令》。

法令规定,下列情况可以不经数据主体同意而处理个人数据:(1)紧急情况下,保护数据主体或其他人的生命和健康;(2)根据法律规定披露个人数据;(3)在国防、安全、社会秩序和安保、重大灾害或危险疫情处于紧急状态的情况下,国家主管机构对数据的处理;(4)存在威胁安全和国防的风险,但未达到宣布紧急状态的程度;(5)依法预防和打击暴乱和恐怖主义,以及犯罪和违法行为;(6)为了履行法律规定的数据主体与相关机构、组织和个人的合同义务;(7)服务于特定法律规定的国家机构活动。

15. 新西兰隐私保护机构发布指南，指导 AI 使用中的隐私保护

9月21日，新西兰隐私专员发布一份名为《人工智能与信息隐私原则》（Artificial intelligence and the Information Privacy Principles）的文件。文件明确信息隐私原则（IPP）适用于构建和使用 AI 工具的每个阶段。新西兰隐私专员表示，事前开展隐私影响评估（PIA）是防范相关风险的重要措施之一。

16. 国务院发布《关于进一步优化外商投资环境 加大吸引外商投资力度的意见》

8月13日，国务院发布《关于进一步优化外商投资环境 加大吸引外商投资力度的意见》，从持续加强外商投资保护、提高投资运营便利化水平等方面有效吸引和利用外商投资。

意见强调，要提高投资运营便利化水平，探索便利化的数据跨境流动安全管理机制。落实《网络安全法》《数据安全法》《个人信息保护法》等要求，为符合条件的外商投资企业建立绿色通道，高效开展重要数据和个人信息出境安全评估，促进数据安全有序自由流动。支持北京、天津、上海、粤港澳大湾区等地在实施数据出境安全评估、个人信息保护认证、个人信息出境标准合同备案等制度过程中，试点探索形成可自由流动的一般数据清单，建设服务平台，提供数据跨境流动合规服务。

17. 国务院发布《未成年人网络保护条例》

10月16日，国务院发布《未成年人网络保护条例》，自2024年1月1日起施行。

《条例》是我国出台的第一部专门性未成年人网络保护综合立法。《条例》共七章六十条，重点规定以下内容：（1）健全未成年人网络保护体制机制。明确国家网信部门负责统筹协调未成年人网络保护工作，并依据职

责做好未成年人网络保护工作。明确国家新闻出版、电影部门和国务院教育、电信、公安等有关部门依据各自职责做好未成年人网络保护工作；（2）促进未成年人网络素养。规定未成年人网络保护软件以及专门供未成年人使用的智能终端产品应当具有保护未成年人个人信息权益、预防未成年人沉迷网络等功能；（3）加强网络信息内容建设。明确网络产品和服务提供者发现危害或者可能影响未成年人身心健康信息的处置措施和报告义务。要求网络产品和服务提供者建立健全网络欺凌行为的预警预防、识别监测和处置机制；（4）保护未成年人个人信息。针对未成年人用户数量巨大或者对未成年人群体具有显著影响的网络平台服务提供者，提出定期开展未成年人网络保护影响评估、提供未成年人模式或者未成年人专区、制定专门的平台规则等要求。

18. 国务院印发《全面对接国际高标准经贸规则推进中国（上海）自由贸易试验区高水平制度型开放总体方案》

11月26日，国务院印发《全面对接国际高标准经贸规则推进中国（上海）自由贸易试验区高水平制度型开放总体方案》。

《方案》聚焦七方面内容：一是加快服务贸易扩大开放；二是提升货物贸易自由化便利化水平；三是率先实施高标准数字贸易规则；四是加强知识产权保护；五是推进政府采购领域改革；六是推动相关"边境后"管理制度改革；七是加强风险防控体系建设。

数据跨境流动方面，企业和个人因业务需要确需向境外提供数据，且符合国家数据跨境传输安全管理要求的，可以向境外提供。按照数据分类分级保护制度，支持上海自贸试验区率先制定重要数据目录。指导数据处理者开展数据出境风险自评估，探索建立合法安全便利的数据跨境流动机制，提升数据跨境流动便利性。在遵守网络管理制度前提下，消费者可使用不对网络造成损害的终端设备接入互联网和使用网上可获得的服务与应用。实施数据安全管理认证制度，引导企业通过认证提升数据安全管理能力和水平，形成符合个人信息保护要求的标准或最佳实践。

19. 国家网信办公布《个人信息出境标准合同办法》

2月24日,国家互联网信息办公室公布《个人信息出境标准合同办法》,规定个人信息出境标准合同的适用范围、订立条件和备案要求,明确标准合同范本。

个人信息处理者通过订立标准合同的方式向境外提供个人信息应当同时符合下列情形:一是非关键信息基础设施运营者;二是处理个人信息不满100万人的;三是自上年1月1日起累计向境外提供个人信息不满10万人的;四是自上年1月1日起累计向境外提供敏感个人信息不满1万人的。个人信息处理者不得采取数量拆分等手段,将依法应当通过出境安全评估的个人信息通过订立标准合同的方式向境外提供。

《办法》施行前已经开展的个人信息出境活动,不符合《办法》规定的,应当自《办法》施行之日起6个月内完成整改。

20. 国家互联网信息办公室发布《个人信息出境标准合同备案指南(第一版)》

5月30日,国家网信办发布《个人信息出境标准合同备案指南(第一版)》,在适用范围、备案方式、备案流程、咨询举报联系方式四方面对个人信息出境标准合同作出规定。

《指南》重申《个人信息出境标准合同办法》的适用要求,即(一)非关键信息基础设施运营者;(二)处理个人信息不满100万人的;(三)自上年1月1日起累计向境外提供个人信息不满10万人的;(四)自上年1月1日起累计向境外提供敏感个人信息不满1万人的。

《指南》强调个人信息处理者应当在标准合同生效之日起10个工作日内,通过送达书面材料并附带材料电子版的方式,向所在地省级网信办备案。备案包括材料提交、材料查验及反馈备案结果、补充或者重新备案等环节。

21. 国家网信办与香港特区政府联合签署《关于促进粤港澳大湾区数据跨境流动的合作备忘录》

6月29日，国家互联网信息办公室与香港特区政府创新科技及工业局签署《关于促进粤港澳大湾区数据跨境流动的合作备忘录》。该《备忘录》在国家数据跨境安全管理制度框架下，建立粤港澳大湾区数据跨境流动安全规则，促进粤港澳大湾区数据跨境安全有序流动，推动粤港澳大湾区高质量发展。

22. 国家网信办与香港创新科技及工业局共同发布《粤港澳大湾区（内地、香港）个人信息跨境流动标准合同实施指引》

12月10日，国家互联网信息办公室与香港创新科技及工业局共同发布《粤港澳大湾区（内地、香港）个人信息跨境流动标准合同实施指引》。

粤港澳大湾区个人信息处理者及接收方可以按照实施指引要求，通过订立标准合同的方式进行粤港澳大湾区内内地和香港之间的个人信息跨境流动。被相关部门、地区告知或者公开发布为重要数据的个人信息除外。通过订立标准合同跨境提供个人信息的，应当履行标准合同列明的义务和责任，包括满足以下条件：（一）个人信息处理者跨境提供个人信息前，应当按照个人信息处理者属地法律法规要求告知个人信息主体或者取得个人信息主体的同意；（二）不得向粤港澳大湾区以外的组织、个人提供。

23. 国家网信办发布《个人信息保护合规审计管理办法（征求意见稿）》

8月3日，国家网信办发布《个人信息保护合规审计管理办法（征求意见稿）》。《征求意见稿》与《个人信息保护法》衔接，细化了个人信息保护审计实施的要求；配套发布了《个人信息保护合规审计参考要点》。

《征求意见稿》规定，处理超过100万人个人信息的个人信息处理者，应当每年至少开展一次个人信息保护合规审计；其他个人信息处理者应当每二年至少开展一次个人信息保护合规审计。国家网信办会同公安机关等国务院有关部门建立个人信息保护合规审计专业机构推荐目录，每年组织开展个人信息保护合规审计专业机构评估评价，并根据评估评价情况动态调整个人信息保护合规审计专业机构推荐目录。

24. 国家网信办发布《人脸识别技术应用安全管理规定（试行）（征求意见稿）》

8月8日，国家网信办发布《人脸识别技术应用安全管理规定（试行）（征求意见稿）》，系统解答公众广泛关注的人脸识别技术滥用等诸多问题，对相关组织或个人如何规范使用人脸识别技术提出了具体安全要求。

《征求意见稿》明确"最小使用原则"，即只有在具有特定的目的和充分的必要性，并采取严格保护措施的情形下，方可使用人脸识别技术处理人脸信息。实现相同目的或者达到同等业务要求，存在其他非生物特征识别技术方案的，应当优先选择非生物特征识别技术方案。

《征求意见稿》强调"告知—同意原则"，即使用人脸识别技术处理人脸信息应当取得个人的单独同意或者依法取得书面同意。法律、行政法规规定不需取得个人同意的除外。

《征求意见稿》明确"最小存储原则"，即除法定条件或者取得个人单独同意外，人脸识别技术使用者不得保存人脸原始图像、图片、视频，经过匿名化处理的人脸信息除外。面向社会公众提供人脸识别技术服务的，相关技术系统应当符合网络安全等级保护第三级以上保护要求，并采取数据加密、安全审计、访问控制、授权管理、入侵检测和防御等措施保护人脸信息安全。属于关键信息基础设施的，还应当符合关键信息基础设施安全保护的相关要求。

此外，《征求意见稿》还对在公共场所安装图像采集、个人身份识别设备提出具体要求，要求建设、使用、运行维护单位对获取的个人图像、身份识别信息负有保密义务，不得非法泄露或者对外提供。所收集的个人图像、身份识别信息只能用于维护公共安全的目的，不得用于其他目的；取得个人单独同意的除外。

25. 国家网信办发布《规范和促进数据跨境流动规定（征求意见稿）》

9月28日，国家互联网信息办公室发布《规范和促进数据跨境流动规定（征求意见稿）》，涉及十一项内容。

《征求意见稿》明确不需要申报数据出境安全评估、订立个人信息出境标准合同、通过个人信息保护认证的情形，包括：（1）国际贸易、学术合作、跨国生产制造和市场营销等活动中产生的数据出境，不包含个人信息或者重要数据的；（2）不是在境内收集产生的个人信息向境外提供的；（3）为订立、履行个人作为一方当事人的合同所必需，如跨境购物、跨境汇款、机票酒店预订、签证办理等，必须向境外提供个人信息的；（4）按照依法制定的劳动规章制度和依法签订的集体合同实施人力资源管理，必须向境外提供内部员工个人信息的；（5）紧急情况下为保护自然人的生命健康和财产安全等，必须向境外提供个人信息的。

《征求意见稿》还指出，未被相关部门、地区告知或者公开发布为重要数据的，数据处理者不需要作为重要数据申报数据出境安全评估。自由贸易试验区可自行制定本自贸区需要纳入数据出境安全评估、个人信息出境标准合同、个人信息保护认证管理范围的数据清单，报经省级网络安全和信息化委员会批准后，报国家网信部门备案。负面清单外数据出境，可以不申报数据出境安全评估、订立个人信息出境标准合同、通过个人信息保护认证。

26. 国家网信办发布《网络安全事件报告管理办法（征求意见稿）》

12月8日，国家互联网信息办公室发布《网络安全事件报告管理办法（征求意见稿）》，向社会公开征求意见。该《征求意见稿》共14条，主要包括以下内容。

运营者在发生网络安全事件时，应当及时启动应急预案进行处置。属于较大、重大或特别重大网络安全事件的，应当于1小时内进行报告。其中，重要数据泄露或被窃取，对国家安全和社会稳定构成特别严重威胁或泄露1亿人以上个人信息，属于特别重大网络安全事件；重要数据泄露或被窃取，对国家安全和社会稳定构成严重威胁或泄露1000万人以上个人信息，属于重大网络安全事件；重要数据泄露或被窃取，对国家安全和社会稳定构成较严重威胁或泄露100万人以上个人信息，属于较大网络安全事件。

27.《工业和信息化领域数据安全管理办法（试行）》2023年1月1日生效

2023年1月1日，《工业和信息化领域数据安全管理办法（试行）》生效。《办法》共八章四十二条，重点解决工业和信息化领域数据安全"谁来管、管什么、怎么管"问题。

《办法》以数据分级保护为总体原则，要求一般数据加强全生命周期安全管理，重要数据在一般数据保护的基础上进行重点保护，核心数据在重要数据保护的基础上实施更加严格保护。对于不同级别数据同时被处理且难以分别采取保护措施的，采取"就高"原则，按照其中级别最高的要求实施保护。

《办法》围绕数据收集、存储、使用、加工、传输、提供、公开等全生命周期关键环节，分别针对一般数据、重要数据、核心数据细化明确安全保护要求，主要包括明确细化协议约束、安全评估、审批等管理要求，以及校验与密码技术使用、数据访问控制等技术保护要求。

28. 工信部发布《工业和信息化领域数据安全风险评估实施细则（试行）（征求意见稿）》

10月9日，工信部发布《工业和信息化领域数据安全风险评估实施细则（试行）（征求意见稿）》。

《征求意见稿》适用于工业和信息化领域重要数据、核心数据处理者对其数据处理活动的安全风险评估，明确工业和信息化部、地方行业监管部门的职责分工，并确立风险评估工作原则。

《征求意见稿》明确评估对象为数据处理活动中涉及的目的和场景、管理体系、人员能力、技术工具、风险来源、安全影响等要素，并按照以上要素细化具体评估内容。同时，《征求意见稿》明确评估期限、重新申报评估的情形、可采取的评估方式，并对委托评估、评估协作、风险控制和评估报告报送等作出要求。

29. 工信部发布《工业和信息化领域数据安全行政处罚裁量指引（试行）（征求意见稿）》

11月23日，工信部发布《工业和信息化领域数据安全行政处罚裁量指引（试行）（征求意见稿）》。征求意见稿由正文及附件裁量基准组成。其中，正文共五章二十六条，附件共十四条。

《指引》明确工业和信息化领域数据安全行政处罚由违法行为发生地的行政处罚机关管辖。数据安全违法行为发生地包括实施违法行为的住所地、实际经营地、工商注册地（工商注册地与实际经营地不一致的，应按实际经营地）、网络接入地，取得电信和互联网信息服务相关许可（备案）所在地，网站建立者、管理者、使用者所在地，计算机等终端设备所在地，数据集中存储地、交易地、出境活动所在地等。

《指引》明确不履行数据安全保护义务、向境外非法提供数据、不配合监管等三类违法行为触发条件，综合涉及数据级别和数量、公共利益损害时间、直接经济损失、影响范围等因素，对数据安全违法行为的危害程度划分为"较轻""较重""严重"等情节。

《指引》规定不予处罚、从轻或减轻处罚、从重处罚的适用情形，并在附件给出具体的裁量基准。

30. 工信部发布《工业和信息化领域数据安全事件应急预案（试行）（征求意见稿）》

12月15日，工信部发布《工业和信息化领域数据安全事件应急预案（试行）（征求意见稿）》，公开征求意见截至2024年1月15日。

《征求意见稿》明确工信领域数据安全事件的管理机构、监测与预警机制、事件应急响应处置流程以及预防措施等内容。根据《征求意见稿》，数据安全事件应急响应分为四级：Ⅰ级、Ⅱ级、Ⅲ级、Ⅳ级，分别对应发生特别重大、重大、较大、一般数据安全事件的应急响应。工业和信息化领域数据处理者一旦发生数据安全事件，应当立即先行判断，对自判为较大以上事件的，应当立即向地方行业监管部门报告，不得迟报、谎报、瞒报、漏报。数据安全应急支撑机构应当通过多种途径监测、收集数据安全事件信息，及时向行业监管部门报告。地方行业监管部门初步研判为特别重大、重大数据安全事件的，应当在发现事件后按照"电话10分钟、书面30分钟"的要求向机制办公室报告。报告事件研判信息时，应当说明事件发生时间、初步判定的影响范围和危害、已采取的应急处置措施和有关建议。

31. 国家数据局等17部门印发《"数据要素×"三年行动计划（2024—2026年）》

12月31日，国家数据局等17部门印发《"数据要素×"三年行动计划（2024—2026年）》，旨在充分发挥数据要素乘数效应，赋能经济社会发展。

行动计划明确总体目标是：到2026年底，数据要素应用广度和深度大幅拓展，打造300个以上示范性强、显示度高、带动性广的典型应用场景，涌现出一批成效明显的数据要素应用示范地区，培育一批创新能力强、成长性好的数据商和第三方专业服务机构，数据产品和服务质量效益明显提升，数据产业年均增速超过20%，场内交易与场外交易协调发展，数据交易规模倍增。

行动计划明确十二项重点行动，包括工业制造、现代农业、商贸流通、交通运输、金融服务、科技创新、文化旅游、医疗健康、应急管理、气象服务、城市治理、绿色低碳等方面。行动计划同时明确三方面保障措施：一是提升数据供给水平，完善数据资源体系，加大公共数据资源供给，健全标准体系，加强供给激励；二是优化数据流通环境，提高交易流通效率，打造安全可信流通环境，培育流通服务主体，促进数据跨境有序流动；三是加强数据安全保障，落实数据安全法规制度，丰富数据安全产品，培育数据安全服务。

32.《治安管理处罚法（修订草案）》公开征求意见

9月1日，中国人大网公布《治安管理处罚法（修订草案）》并向社会公众征求意见。针对我国社会治安管理领域出现的新情况新问题，修订草案将违法出售或者提供公民个人信息等行为增列为侵犯人身、财产权利的行为。违反国家有关规定向他人出售或者提供个人信息的，处10日以上15日以下拘留；情节较轻的，处5日以上10日以下拘留。此外，修订草案还增加公安机关实施人身检查、采集人体生物识别信息的职权，并对个人信息保护提出要求。

33. 科技部发布《人类遗传资源管理条例实施细则》

5月26日，科技部发布《人类遗传资源管理条例实施细则》。《细则》规定，在我国境内采集、保藏我国人类遗传资源或者向境外提供我国人类遗传资源，必须由我国科研机构、高等学校、医疗机构或者企业开展。设在港澳的内资实控机构视为中方单位。境外组织及境外组织、个人设立或者实际控制的机构以及境外个人不得在我国境内采集、保藏我国人类遗传资源，不得向境外提供我国人类遗传资源。

《细则》强调，利用我国人类遗传资源开展国际科学研究合作过程中，利用我国人类遗传资源产生的所有记录以及数据信息等应当完全向中方单位开放，并向中方单位提供备份。

34. 国家金融监督管理总局等五部门联合发布《关于规范货币经纪公司数据服务有关事项的通知》

8月30日，国家金融监督管理总局、中国人民银行、中国证监会、国家网信办、国家外汇管理局五部门联合发布《关于规范货币经纪公司数据服务有关事项的通知》。

《通知》要求货币经纪公司加强数据治理，确保数据安全，规范提供数据标准，提高数据服务质量，签订服务协议，规范数据使用。关于提供数据的标准，除法律法规和监管另有规定外，货币经纪公司不得对外主动公布非公开数据信息，不得滥用自身特殊地位，从事数据垄断行为或与第三方达成排他性数据合作。非经有权管理部门批准，不得销售或对外提供原始数据。

二、热点事件

1. 欧盟委员会通过《欧盟-美国数据隐私框架的充分性决定》

7月10日，欧盟委员会投票通过《欧盟-美国数据隐私框架的充分性决定》（Adequacy Decision for the EU-US Data Privacy Framework）。《充分性决定》认为，对于根据《欧盟—美国数据隐私框架》（DPF）从欧盟控制者或处理者传输到美国经认证组织的个人数据，美国方面能够提供基本上与欧盟相同的保护水平。具体而言，《充分性决定》的效果是，个人数据可以从欧盟的控制者和处理者转移到美国经认证的组织，而无须获得任何进一步的授权。

《充分性决定》规定，DPF原则在获得认证后立即适用，但相关组织必须每年重新认证其对这些原则的遵守情况。同样地，《充分性决定》概述了为了确保实践中充分的数据保护水平，应设立一个独立的监管机构，负责监督和强制要求数据保护规则的合规情况。具体来说，这些组织必须接受美国主管部门，即联邦贸易委员会（FTC）和商务部（DoC）的管辖，这些机构拥有必要的调查和执法权力，以确保相关组织遵守这些原则。

《充分性决定》规定了新的具有约束力的保障措施，以解决欧洲法院对美国情报活动提出的问题。这包括确保对美国信号情报活动追求既定国家安全目标的过程采取必要且相称的限制。此外，数据保护审查法院（DPRC）的建立允许欧盟境内的个人就涉嫌侵犯其隐私和公民自由的行为提起诉讼。必要时，DPRC可以责令有关情报机构采取补救措施，包括删除数据、终止获取、改变收集方式等。被发现持续不遵守这些原则的组织将从欧盟—美国DPF名单中删除，并且必须归还或删除根据DPF收集到的个人数据。

2. 数据跨境合作重要进展：欧盟与日本就数据跨境流动达成协议

10月28日，欧盟与日本达成《欧盟-日本跨境数据流动协议》（EU-Japan Agreement on Cross-border Data Flows），旨在降低管理成本，使金融服务、运输、机械和电子商务等多个行业受益。

《协议》明确将取消数据本地化要求，确保企业不需要在本地实际存储数据。《协议》确保企业在无须应对烦琐行政或存储要求的情况下有效处理数据，并为其繁荣发展提供可预测的法律环境。

欧盟委员会在声明中表示，《协议》为数字贸易的共同方法奠定了基础，发出了反对数字保护主义和任意限制的强烈信号，也符合欧盟数字议程和隐私规则，并推动欧盟"印太战略"的数字贸易议程。接下来欧盟还将与韩国和新加坡进行类似谈判。

3. 英国与新加坡达成新战略伙伴关系，探索促进跨境数据流动机制

9月9日，英国政府发表声明称英国与新加坡签署一项新战略合作伙伴关系协议，将加强双方在安全、科技创新和研发方面的共同合作。其中包括双方探索促进跨境数据流动机制，通过多边机制（包括东盟）促进采用可互操作的数字系统，交流数字转型及数字经济最佳实践。

4. 东盟正式启动《东盟数字经济框架协议》谈判

9月3日，东盟启动了《东盟数字经济框架协议》（Digital Economy

Framework Agreement，DEFA）谈判工作，以促进东盟成员国密切合作，创建可持续和包容性的数字生态系统。谈判重点关注数字贸易、跨境电商、网络安全、数字身份证、数字支付、数据跨境流通等新兴议题。谈判将由东盟DEFA谈判委员会全面负责，预期2025年完成。

5. 日本和美国同意就个人数据和隐私保护开展合作

11月14日，日本和美国在旧金山召开日美经济政策协商委员会（EPCC）第二次部长级会议，讨论经济安全与稳定问题，其中包括个人数据和隐私保护。

双方同意就个人数据保护和隐私方面开展合作，在全球范围内促进跨境数据流动和有效数据与隐私保护。为了支持促进跨境数据流动和实施数据自由流动与信任，双方计划通过双边和多边协调与合作伙伴开展外联活动，以促进全球跨境隐私规则论坛（CBPR）的扩展。并致力于建立和推广CBPR和全球处理者隐私认可（PRP）系统，将其作为政府支持、国际认可的认证，作为全球隐私制度互操作性的基础。双方还打算寻找双边和多边合作机会，以推广经合组织《关于政府获取私营部门实体所持个人数据的宣言》。

6. 新加坡与墨西哥签署数据保护谅解备忘录，与澳大利亚续签个人信息保护谅解备忘录

12月1日，新加坡个人数据保护委员会（PDPC）与墨西哥国家透明度、信息获取和个人数据保护局（INAI）签署了一份新的谅解备忘录（MOU），以加强两国在个人数据保护方面的合作，该备忘录于2023年12月1日生效。PDPC与INAI的合作范围包括开发兼容的数据传输机制以促进可信的跨境数据传输，加强技术创新以实现这些可信的数据流，还将就隐私和数据保护问题及趋势合作开展研究。

同日，在澳大利亚悉尼举行的第 60 届亚太地区隐私保护机构（APPA）论坛上，新加坡隐私保护委员会与澳大利亚信息专员办公室（OAIC）续签了谅解备忘录（MOU），以深化在个人数据保护方面的合作。

7. 加拿大禁止在政府设备上使用 WeChat 和 Kaspersky

10 月 30 日，加拿大禁止在政府配发的设备上使用中国即时通信应用程序 WeChat 和俄罗斯杀毒软件 Kaspersky。

加拿大首席信息官认定，WeChat 和 Kaspersky "对隐私和安全构成了不可接受的风险"。在移动设备上，WeChat 和 Kaspersky 的数据收集方式可以大量访问设备的内容。但其也表示，目前没有证据表明政府信息已遭到泄露。

8. 美国蒙大拿州的 TikTok 禁令因违宪暂停生效

11 月 30 日，美国蒙大拿州（Montana）法官唐纳德·莫洛伊（Donald Moloy）就蒙大拿州针对 TikTok 的全州禁令作出初步裁决，认为禁令侵犯用户的宪法权利。这一裁决意味着禁令将暂停生效。

2023 年 5 月 17 日，蒙大拿州州长签署禁令，规定自 2024 年 1 月 1 日起在全州范围内禁用 TikTok，蒙大拿州由此成为全美首个彻底禁用 TikTok 的州。居住在蒙大拿州的 5 名 TikTok 创作者当天便发起诉讼，指责蒙大拿州寻求"就所谓的国家安全问题行使该州并不具备的权力"，禁令侵犯美国宪法第一修正案赋予公民的权利。

9. 全球 12 国发布《关于数据爬取和保护隐私的联合声明》

8 月 24 日，澳大利亚信息专员办公室（OAIC）联合英国信息专员办公室（ICO）等 11 家国际数据保护机构发布了一份数据爬取联合声明，就网络平台如何实现数据爬取合规提出了相应建议，其中包含了相关法律的强制性规定。

《声明》指出，由于单一的安全措施不足以应对数据爬取所带来的风险，社交媒体公司（SMC）应采取多层次的技术和程序控制措施，应提升用户对自身信息的保护意识，告知用户将在什么环节分享自身信息，提升其对平台隐私设置的认识和了解。SMC应定期对保护措施进行测试和更新，以确保这些措施始终有效。

用户可以采取下列措施，以应对数据爬取引发的相关风险：（1）阅读SMC及其他网站的隐私政策——尤其关注SMC及其他网站的信息披露政策，将有助于用户选择共享哪些信息，并认识由此产生的相关风险；（2）认真考虑信息分享的数量和种类——特别是敏感信息，用户个人应限制分享某些私人信息，如身份证号码、地址信息等，并考虑分享这些信息是否会产生名誉受损、歧视、骚扰、欺诈等风险；（3）理解及管理网站隐私设置，用户个人应了解并掌握网站所提供的隐私保护手段，并通过操作这些机制来提升对自身信息的控制水平。

10. 超10万个ChatGPT账户被盗，在暗网市场售卖

6月21日消息，根据暗网市场数据，过去一年，超过101000个ChatGPT用户账户已被信息窃取类恶意软件盗取。

网络安全公司Group-IB报告称，在各种地下网站发现超过10万个包含ChatGPT账户的信息窃取器日志。峰值出现在2023年5月，威胁行为者发布26800对新的ChatGPT用户名和密码。亚太地区是受攻击最多的地区。2022年6月至2023年5月，亚太地区有将近41000个账户被盗，欧洲有近17000个账户被盗，北美位列第五，有4700多个账户被盗。

ChatGPT账户、电子邮件账户、信用卡数据、加密货币钱包信息等非传统性数据成为攻击对象，说明AI驱动工具对用户和企业的重要性与日俱增。由于ChatGPT允许用户存储对话，访问一个人的账户就有可能获取专有信息、内部商业策略、个人通信、软件代码等敏感数据。

11. 十四届全国人大常委会立法规划公布，关涉《数字经济促进法》制定及数据权属立法

9月7日，十四届全国人大常委会立法规划公布，包括《网络安全法（修改）》《网络犯罪防治法》《数字经济促进法》《电信法》等在内的130件法律草案列入此次规划。其中，《数字经济促进法》列入第二类项目，即抓紧工作、条件成熟时提请审议的法律草案。数据权属和网络治理等方面的立法项目列入立法条件尚不完全具备、需要继续研究论证的立法项目。

12. 国家邮政局、中央网信办、公安部联合召开邮政快递领域隐私运单应用工作推进会

9月10日消息，近日国家邮政局、中央网信办、公安部三部门联合召开邮政快递领域隐私运单应用工作推进会。会议指出，国家邮政局将和中央网信办、公安部密切部际联系，强化协同配合和信息共享，加大邮政快递领域涉个人信息安全违法违规行为的查处力度，集中治理信息安全风险管控方面存在的隐患和薄弱环节，从技术、制度、管理层面加强信息安全风险管控。

13. 国家数据局正式揭牌

10月25日，国家数据局在北京正式挂牌，根据《党和国家机构改革方案》，国家数据局负责协调推进数据基础制度建设，统筹数据资源整合共享和开发利用，统筹推进数字中国、数字经济、数字社会规划和建设等。

14. 商务部表示将促进数据跨境有序流动，推动数据资源开放共享

12月8日，在国务院新闻办公室举行的国务院政策例行吹风会上，商务部自贸区港建设协调司司长杨正伟表示，《全面对接国际高标准经贸规则推进中国（上海）自由贸易试验区高水平制度型开放总体方案》积极对接

国际高标准数字贸易规则，聚焦数据跨境流动、数字技术应用、数据开放共享等重点领域深化改革创新，将为大力促进我国数字贸易发展注入新动能，为数字产业、数字企业发展带来新机遇。

一是促进数据跨境有序流动。支持上海自贸试验区按照数据分类分级保护制度，率先制定重要数据目录，指导数据处理者开展数据出境风险自评估，探索建立合法安全便利的数据跨境流动机制。实施数据安全管理认证制度，引导企业通过认证提升数据安全管理能力和水平。

二是推进数字技术创新应用。支持上海自贸试验区参考联合国国际贸易法委员会电子可转让记录示范法，推动电子提单、电子仓单等电子票据应用。开展数字身份互认试点，研究完善接轨国际的数字身份认证制度。支持可信、安全和负责任地使用人工智能技术，研究建立人工智能技术的伦理道德和治理框架。

三是推动数据资源开放共享。建立健全数据共享机制，支持企业依法依规共享数据，促进大数据创新应用。支持探索开展数据交易服务，创建数据要素流通创新平台，制定数据、软件资产登记凭证标准和规则。试点扩大政府数据开放范围，鼓励开发以数据集为基础的产品和服务。

四是加强数字贸易交流合作。支持上海自贸试验区举办数字中小企业对话会，搭建中小企业参与数字经济信息交流平台。健全数字经济公平竞争常态化监管制度，促进竞争政策信息和经验国际交流。

15. 国家安全机关会同有关部门开展地理信息数据安全风险专项排查治理

12月11日消息，国家安全机关近期在工作中发现，我国有关重要行业领域使用的境外地理信息系统软件存在搜集外传地理信息数据的情况，部分数据重要敏感，甚至涉及国家秘密，对我国国家安全构成严重威胁。

针对上述情况，国家安全机关会同有关部门开展地理信息数据安全风险专项排查治理，指导、协助涉事单位开展清查整改，及时消除重大数据窃密、泄密等安全隐患。

16. 国家安全机关会同有关部门开展涉外气象探测专项治理

今年以来,国家安全机关会同气象、保密等部门在全国范围内依法开展涉外气象探测专项治理,调查境外气象设备代理商 10 余家,检查涉外气象站点 3000 余个,发现数百个非法涉外气象探测站点实时向境外传输气象数据,广泛分布在全国 20 多个省份,对国家安全造成风险隐患。

上述非法涉外气象探测站点,有的探测项目受境外政府直接资助,部分观测点设立在军事单位、军工企业等敏感场所周边,进行海拔核准和 GPS 定位;有的布设在我主要粮食产区,关联分析我农作物生长和粮食产量;有的甚至长时间、高频次、多点位实时传输至外国官方气象机构,服务于外国国土安全和气象监测。相关设备体积小、便于安装、不易发现,能自动采集并实时网络传输。相关涉外气象探测活动,未向我气象主管机构申请涉外气象探测行政许可,未向我气象主管机构汇交气象资料,向境外传输气象数据未经我气象主管部门审批,违反《涉外气象探测和资料管理办法》《数据安全法》等相关规定。国家安全机关联合气象、保密部门,依法对相关非法活动进行查处,及时阻断气象数据出境的违法行为。

17. 上海市通信管理局组织完成电信和互联网行业首批重要数据和核心数据认定工作

2 月 24 日消息,上海市通信管理局近日按照工信部有关部署,结合行业数据安全和发展实际,建立属地数据安全风险防控重点企业名录,并组织上海电信、上海移动、上海联通、东方有线、拼多多、携程、哔哩哔哩、得物、小红书、喜马拉雅等 10 家重点电信和互联网企业按照工业和信息化领域重要数据和核心数据有关识别指南,开展重要数据和核心数据识别认定及目录备案工作。

近期，上海市通信管理局组织数据安全领域专家对各企业报送的重要数据和核心数据开展专题评审，并通过评审意见通报、实地调研访谈等形式指导企业开展数据认定、分类分级和安全保护相关工作。评审认为，上海移动、得物、小红书、上海电信、拼多多、携程报送的数据目录总体质量较好，其中上海移动和得物的数据认定工作较为突出。现经多轮评审反馈和整改报送，上海市通信管理局已审核确定本市电信和互联网行业首批重要数据和核心数据目录，并按规定报送工业和信息化部。

18. 北京数据基础制度先行区启动运行

11月10日，北京数据基础制度先行区启动运行，北京市经济和信息化局发布《北京数据基础制度先行区创建方案》。

方案明确数据先行区总体目标，到2030年，北京汇聚高价值数据资产总量达到100PB，数据交易额达到100亿元，数据产业规模超过1000亿元。北京将打造"2+5+N"的数据先行区基础设施技术架构：基础设施层包含智能算力基础设施和国家区块链网络枢纽；业务中台层包括数据资产登记平台、数据资产评估平台、数据资产托管平台、数据交易节点、数字资产管理平台等；数据应用层涵盖金融数据、政务数据、"三医"数据、自动驾驶数据、航运贸易数据、文旅数据等数据专区与应用。

三、典型案例

1. GDPR实施以来执法情况总结

GDPR 2018年5月生效至今已有5年多，期间欧盟各国数据保护机构陆续依据GDPR对境内违反GDPR规定的违法行为进行行政处罚，部分国家的监管机构更是开出了巨额罚单。据欧洲数据保护委员会（EDPB）统计，截至2023年11月左右，30个成员国的监管机构共开出6860张罚单，具体情况见表1。

表 1　各成员国监管机构开出罚单详情

SA	2018	2019	2020	2021	2022	2023	Total
AT	5	38	30	36	38	30	177
BE	0	6	18	8	14	3	49
BG	17	78	63	44	47	61	310
CY	37	17	7	11	18	8	98
CZ	19	33	30	40	5	15	142
DE	29	168	335	411	769	394	2106
DK	0	0	0	0	0	0	0
EE	0	5	12	10	12	1	40
ES	371	112	167	258	378	310	1596
FI	0	0	5	7	5	3	20
FR	10	7	9	13	17	23	79
GR	25	9	33	43	51	8	169
HR	0	0	1	4	14	26	45
HU	0	35	50	38	44	42	209
IE	0	0	9	10	29	11	59
IS	0	0	2	4	3	6	15
IT	51	40	58	163	152	134	598
LI	0	0	2	0	0	1	3
LT	0	6	20	26	8	11	71
LU	0	0	0	25	20	3	48
LV	26	16	11	5	9	1	68
MT	17	8	4	3	5	2	39
NL	1	4	7	11	9	3	39
NO	14	11	12	26	17	6	86
PL	0	8	11	17	19	19	74
PT	1	7	1	13	12	40	74
RO	0	25	28	29	60	51	193
SE	0	2	15	8	5	9	39
SI	0	0	0	0	0	0	0

续表

SA	2018	2019	2020	2021	2022	2023	Total
SK	19	28	54	53	52	28	234
Total	642	663	994	1316	1816	1249	6680

下面的图表展示了监管机构根据GDPR第83条规定或相应的国内法规作出的罚款总额（见图1）及以100万欧元和1亿欧元为分界点统计的罚款总额（见图2、图3、图4）。统计时间截至2023年11月左右。

SA	2018	2019	2020	2021	2022	2023	TOTAL
IE	€0,00	€0,00	€785.000,00	€225.261.500,00	€1.077.583.000,00	€1.551.782.500,00	€2.855.412.000,00
LU	€0,00	€0,00	€0,00	€746.319.500,00	€48.375,00	€6.500,00	€746.374.375,00
IT	€2.992.675,00	€15.904.790,00	€60.635.147,00	€50.015.863,00	€42.850.782,00	€24.658.900,62	€197.058.157,62
FR	€1.196.000,00	€51.370.000,00	€3.489.300,00	€3.856.000,00	€25.122.900,00	€46.834.500,00	€131.868.700,00
ES	€13.180.655,00	€6.295.923,00	€8.018.800,00	€35.074.800,00	€20.775.361,00	€16.828.710,00	€100.174.249,00
DE[100]	€142.083,50	€16.783.838,05	€48.168.314,88	€2.676.162,14	€5.894.641,20	€6.177.051,50	€79.842.091,27
AT[109]	€9.500,00	€18.106.700,00	€17.650,00	€24.730.660,00	€50.650,00	€26.350,00	€42.941.510,00
GR	€625.000,00	€777.000,00	€48,00	€364.000,00	€30.060.000,00	€541.000,00	€32.415.000,00
SE	€0,00	€51.900,00	€12.700.000,00	€2.751.000,00	€823.000,00	€10.133.037,00	€26.458.937,00
NL	€0,00	€2.535.000,00	€2.043.500,00	€5.280.000,00	€4.840.000,00	€1.975.000,00	€16.673.500,00
NO	€0,00	€279.000,00	€506.000,00	€6.961.000,00	€1.550.000,00	€8.123.000,00	€17.419.000,00
HR	€0,00	€0,00	€145.995,09	€103.191,99	€528.369,49	€8.261.000,00	€9.038.556,57
PT	€400.000,00	€12.000,00	€2.000,00	€131.200,00	€4.496.500,00	€261.950,00	€5.303.650,00
BG	€186.775,00	€3.633.240,00	€530.414,00	€224.023,00	€652.971,00	€70.756,00	€5.298.179,00
PL	€0,00	€958.654,26	€805.440,06	€482.923,61	€1.669.304,28	€115.398,28	€4.031.720,49
HU	€0,00	€298.016,00	€808.098,00	€178.307,00	€1.297.355,00	€1.024.074,00	€3.605.850,00
FI	€0,00	€0,00	€207.500,00	€780.000,00	€1.195.300,00	€464.600,00	€2.647.400,00
BE[110]	€0,00	€39.000,00	€885.000,00	€301.000,00	€738.900,00	€80.000,00	€2.043.900,00
CY	€113.300,00	€142.600,00	€103.000,00	€1.069.500,00	€105.750,00	€65.750,00	€1.599.900,00
LV	€10.230,00	€163.522,59	€92.894,80	€109.627,18	€1.223.059,13	€22.600,00	€1.621.933,70
RO	€0,00	€489.000,00	€184.550,00	€66.900,00	€212.200,00	€268.900,00	€1.221.550,00
IS	€0,00	€0,00	€28.471,00	€132.424,00	€46.659,00	€537.356,00	€744.910,00
CZ[111]	€151.582,00	€58.191,00	€84.347,00	€243.147,00	€8.516,00	€122.141,00	€667.924,00
SK[112]	€132.000,00	€75.000,00	€103.000,00	€110.000,00	€60.600,00	€60.400,00	€541.000,00
MT	€23.500,00	€20.000,00	€56.000,00	€27.000,00	€337.500,00	€7.500,00	€471.500,00
LT	€0,00	€68.895,00	€47.125,00	€173.163,00	€84.568,00	€62.800,00	€436.551,00
EE	€0,00	€0,00	€428,00	€484,00	€748,00	€200.000,00	€201.660,00
LI[113]	€0,00	€0,00	€9.000,00	€0,00	€0,00	€500,00	€9.500,00
	2018	2019	2020	2021	2022	2023	TOTAL
Total	€19.163.300,50	€118.062.269,90	€140.504.974,83	€1.107.423.375,92	€1.222.257.009,10	€1.678.712.274,40	€4.286.100.604,65

图1 罚款总额

另外，据GDPR跟踪器统计，截至2023年3月1日，监管机构处以罚款的理由主要有九个类别：（1）缺乏数据处理合法性基础；（2）缺乏保障信息安全的技术和组织措施；（3）违反数据处理基本原则；（4）未满足数据主体权利的实现；（5）未履行充分告知性义务；（6）与监管机构缺乏合作；（7）数据泄露通知义务履行不力；（8）缺乏数据保护官的任命；（9）缺乏数据处理协议。平均罚款数额及罚款案例数见图5。

在这些类别中，对缺乏数据处理合法性基础的活动开出的罚款数额最多（同时也是总罚款数量第二高）。罚款的第二个最常见原因是数据处理活动不遵守一般数据处理原则,其次是因技术和组织措施不足以确保信息安全、未履行充分告知性义务和未满足数据主体权利的实现而被罚款。虽然不遵守一般数据处理原则仅是罚款的第二大常见原因,但对亚马逊和 Meta 处以的超高罚款导致此类罚款的平均金额明显高于任何其他类型的违规行为。到目前为止,只有极少数因与监管机构缺乏合作、在数据泄露通知义务履行不力、数据保护官员参与不足或缺乏数据处理协议而被处以罚款(见表 2)。

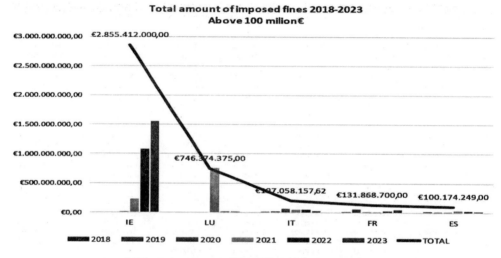

图 2　2018—2023 年,罚款总额高于 1 亿欧元

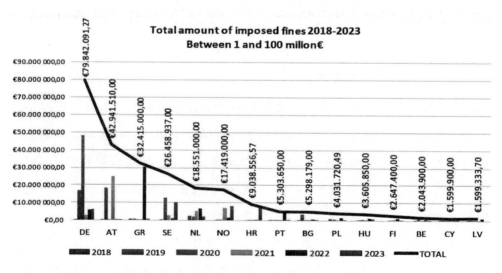

图 3　2018—2023 年,罚款总额 100 万—1 亿欧元

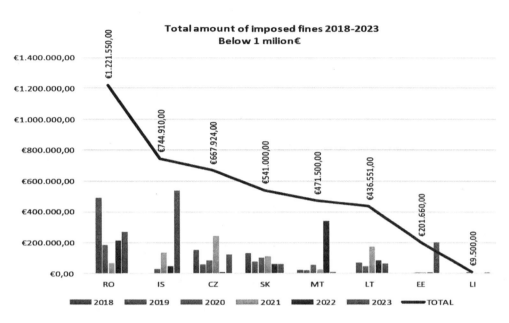

图 4　2018—2023 年，罚款总额低于 100 万欧元

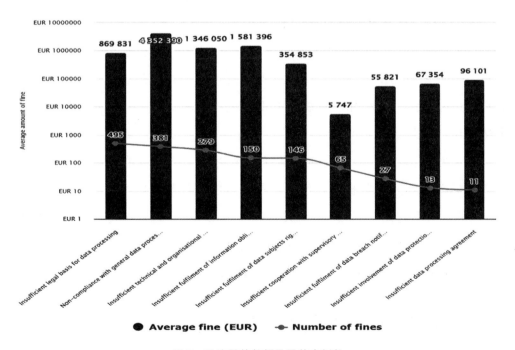

图 5　平均罚款数额及罚款案例数

表 2 罚款的依据

序号	依据条款	所对应的处罚依据
1	GDPR 第 6 和 9 条	缺乏数据处理合法性基础
2	GDPR 第 5 条	违反数据处理基本原则
3	GDPR 第 24、25、28、32、35 条	缺乏保障信息安全的技术和组织措施
4	GDPR 第 12、13、14 条	未履行充分告知性义务
5	GDPR 第 15、17、21 条	未满足数据主体权利的实现

2. 因非法向美国传输数据，爱尔兰对 Meta 处 12 亿欧元罚款

5 月 22 日，爱尔兰数据保护委员会（DPC）因 Meta Platforms Ireland Limited 公司向美国传输数据的行为违反 GDPR 第 46（1）条，对其处以 12 亿欧元罚款，是目前依据 GDPR 实施的最高数额罚款。另外，欧洲监管机构还责令 Meta 在未来 5 个月内暂停将个人数据传输至美国的行为，并在 6 个月内删除已非法传输并储存的数据。

DPC 认为：美国法律提供的数据保护水平没有达到与欧盟相同的水平；Meta 采取的欧盟 SCC、TIA 与相关保障措施均不足以弥补美国法律保护水平的不足，欧盟用户在数据方面的基本权利及自由仍面临安全风险，故作出上述处罚。

该处罚作出后，Meta 表示将提出上诉，并寻求法院帮助暂缓执行。Meta 认为：（1）对数据保护的不足是欧盟隐私权与美国政府的数据访问法之间的冲突引起的，与 Meta 无关；（2）限制 Meta 的数据传输会极大影响用户体验、服务质量，且长远来看，会限制数据流动与全球经济发展；（3）DPC 作出的巨额罚款是不合理且不必要的。

3. 欧盟法院确认非物质性损害的构成条件

12 月 14 日，欧盟法院宣布通过对 C-340/21 VB v. Natsionalna agentsia za prihodite 案的裁决，该案涉及个人因数据控制者（一家公共机构）

未能履行有关个人数据处理的法律义务而主张精神损害赔偿的事宜。

欧盟法院的裁决侧重于对《通用数据保护条例》（GDPR）第 5（2）、24、32 和 82（1）—82（3）条的解释。欧盟法院认为：（1）当数据主体因其个人数据可能由违反 GDPR 规定的第三方滥用而感到恐惧时，这种恐惧本身可能构成 GDPR 第 82（1）条意义上的精神损害；（2）数据控制者有义务修复因第三方未经授权披露个人数据或未经授权访问此类数据而造成的损害，但若其能够证明造成损害的原因绝不归咎于控制者，则可以免除这一修复义务；（3）根据 GDPR 第 4（10）条的规定，第三方未经授权披露个人数据或未经授权访问此类数据的行为本身并不足以认定相关控制者实施的技术和组织措施不符合 GDPR 第 24 条和第 32 条的规定；（4）数据控制者有责任证明其根据 GDPR 第 82 条实施的安全措施的适当性，且对数据控制者所实施的安全措施适当性的评估必须以具体的方式进行。

4. 俄罗斯法院对 Tinder 母公司违反数据本地化要求的行为处以千万卢布罚款

9 月 4 日，俄罗斯法院判决社交平台 Tinder 和流媒体平台 Twitch 的母公司支付 1000 万卢布（约合 75 万元人民币）的罚款。处罚原因为该公司未能根据俄罗斯法律对数据进行本地化处理。

根据俄罗斯数据保护相关法律规定，外国公司收集俄罗斯公民个人信息需将相关数据存储在俄罗斯境内。此前，Facebook、Twitter、LinkedIn 等平台也曾因未能满足数据本地化要求而被俄罗斯数据保护机构处罚。

5. 谷歌与加州总检察长就位置隐私保护指控达成 9300 万美元和解协议

9 月 14 日，美国加州总检察长罗布·邦塔宣布与谷歌达成 9300 万美元的和解协议。据悉，谷歌在未经知情同意的情况下收集、存储和使用用户的位置数据用于消费者分析和广告投放。除支付 9300 万美元外，谷歌还同意接受相关禁令条款,包括启用与位置相关的账户设置时向用户显示附加信息,提供有关位置跟踪的更多透明度,向用户披露他们的位置信息可能会用于广告个性化等。

6. 波兰数据保护机构对 ChatGPT 启动 GDPR 合规调查

9月20日,波兰数据保护机构宣布正在对 OpenAI 的人工智能聊天机器人 ChatGPT 展开调查。此前有投诉称 ChatGPT 的运营违反了欧盟 GDPR 的多项规定,例如"以非法和不可靠的方式"以及不透明的方式处理数据。

7. 美国发起针对 OpenAI 集体诉讼第一案

6月28日,针对 OpenAI 的第一起集体诉讼由美国 Clarkson 律所代理,向加州北部地区巡回法院提起。

起诉书表示,该起集体诉讼源于被告(OpenAI 和微软)在开发、市场营销和运营其人工智能产品中的非法行为,包括 ChatGPT-3.5、ChatGPT-4.0、Dall-E 和 Vall-E。被告在未获得知情同意的情况下从数亿互联网用户(包括各个年龄段的儿童)中抓取私人信息,包括可识别个人身份的信息,来创建产品。此外,被告在超出合理授权范围下从 ChatGPT 用户和集成 ChatGPT 插件的平台中非法收集并利用来自全球数百万消费者的个人数据,以继续开发和训练大模型。被告在利用被盗数据进行培训后,在潜在的直接利润驱使下,没有实施适当的保障或控制措施,以确保产品不会出现进一步违反法律、侵犯权利和危及生命的有害或恶意内容和行为时,就匆忙将产品推向市场。在没有这些保护措施的情况下,产品已经以实践证明了其危害人类的能力。

原告提出15项指控,认为被告违反《电子通信隐私法》《计算机欺诈和滥用法》《加利福尼亚侵犯隐私法》《加利福尼亚不正当竞争法》《伊利诺伊州生物识别信息隐私法》《伊利诺伊州消费者欺诈和欺骗性商业行为法》

等法律规定，申请禁令救济，要求获得损害赔偿金（请求适用三倍损害赔偿、惩罚性损害赔偿和示范性损害赔偿）、律师费和其他救济。

8. 因数据泄露，韩国个人信息保护委员会对 OpenAI 罚款 360 万韩元

7 月 27 日，韩国个人信息保护委员会（PIPC）宣布，因违反《个人信息保护法》（PIPA），对 OpenAI 处以 360 万韩元罚款。

PIPC 表示，在媒体报道 OpenAI 的 ChatGPT 服务可能存在个人数据泄露后，于 2023 年 3 月开始调查。PIPC 发现，2023 年 3 月，作为全球数据泄露的一部分，ChatGPT Plus 约 687 名韩国用户的个人数据，包括姓名、电子邮件和信用卡详细信息被泄露。

PIPC 指出，尽管无法得出 OpenAI 忽视个人数据预期保护措施的结论，但 PIPC 指责 OpenAI 未能在 24 小时内向 PIPC 报告数据泄露，这违反了 PIPA。此外，PIPC 指出 OpenAI 在 PIPA 合规方面的某些不足，包括仅以英语提供隐私保护政策、缺乏明确的同意程序、数据处理关系不明确以及关于用户年龄的限制不一致等。PIPC 建议 OpenAI 对个人数据处理系统进行评估，以确保符合韩国法律法规要求。

9. 国家网信办对知网违法处理个人信息行为罚款 5000 万元

9 月 1 日，国家网信办依据《网络安全法》《个人信息保护法》《行政处罚法》等法律法规，综合考虑知网（CNKI）违法处理个人信息行为的性质、后果、持续时间，特别是网络安全审查情况等因素，对知网依法作出网络安全审查相关行政处罚的决定，责令停止违法处理个人信息行为，并处人民币 5000 万元罚款。

此次处罚主要是因为知网运营的手机知网、知网阅读等 14 款 App 存在违反必要原则收集个人信息、未经同意收集个人信息、未公开或未明示收集使用规则、未提供账号注销功能、在用户注销账号后未及时删除用户个人信息等违法行为。9月6日，知网对此发表声明，诚恳接受，坚决服从。据悉早在2022年6月网络安全审查办公室就对知网启动了网络安全审查。

10. 南昌市网信办依据《数据安全法》对某股份有限公司罚款50万元

4月13日，南昌市互联网信息办公室接上级网信部门通报，江西某股份有限公司运营的网络智能办公系统疑似遭黑客组织攻击并植入木马病毒，主机存在受控的风险。

经过现场勘验、抽样取证、远程勘验（样本技术分析）、笔录问询等程序，查明：（1）该公司的OA系统和服务器内存储了大量敏感数据，但该公司履行数据安全保护义务不到位，OA系统感染了可获取服务器文件管理权限和命令执行权限的木马程序，相关行为违反《数据安全法》第二十七条规定；（2）该公司开展数据处理活动未加强风险监测，在发现数据安全漏洞风险和事件时未采取补救措施，未履行风险监测、补救处置等义务，相关行为违反《数据安全法》第二十九条规定。

5月30日，南昌市网信办依据《数据安全法》第四十五条的规定，对江西该股份有限公司处以警告、罚款50万元，对直接负责的主管人员处以罚款5万元的行政处罚，涉案公司及时缴纳了罚款并表示已全面开展整改工作。

11. 公民个人信息泄露遭境外披露兜售，上海一政务信息系统技术服务公司被行政处罚

9月15日，上海市网信办公布一起数据安全行政执法案例。案中，有关部门在跟踪调查中发现，上海市某政府信息系统技术承包商违规将政务数据置于互联网进行测试期间，相关存储端存在高危漏洞，导致大量公民数据泄露，以致成为境外不法分子窃取政务数据的"供应链"入口，相关公民个人信息在境外黑客论坛被披露兜售。针对问题线索，上海市网信办联合有关部门对涉事公司未严格履行数据安全保护义务的违法行为，开展现场网络安全检查。

经查，该公司主要从事政务信息系统技术支撑工作。2022年，该公司租用1台私有云服务器用于对未交付政务系统的研发测试和演示验收工作，存储了大量公民信息和政务信息，涉及公民个人信息数据1.5万余条。现场检查发现，该公司在开展数据处理活动中未能有效履行数据安全和个人信息保护义务，没有建立全流程数据安全管理制度，未采取技术防护措施保障数据安全和公民个人信息安全，导致平台频繁被境外远程访问，数据泄露。上海市网信办协调有关部门已要求该公司立即下线政府网站页面、关闭相关云服务端口、配合开展网络资产清查，并对该公司作出行政处罚。

12. 因数据被窃并传输到境外，上海市网信办对某科技公司罚款8万元

10月11日消息，上海市某科技公司因相关数据库存在未授权访问漏洞，部分数据被窃并传输到境外。事发后该公司未及时有效整改并擅自将涉事数据库一删了之，上海市网信办依据《数据安全法》对该科技公司及公司直接责任人员予以行政处罚。

经调查核实，该科技公司主要从事为保险类企业提供互联网通信服务。2022年10月，公司安装配置了一台Elasticsearch数据库服务器，用于搜集多个应用系统的业务日志，并存储了包含用户姓名、身份证号和手机号码在内的大量个人信息。该公司未建立健全全流程数据安全管理制度，未采取相应的技术措施和其他必要措施保障数据安全，因数据库存在未授权访问漏洞，造成部分数据泄露被传输到境外IP。同时该公司私自删除涉事数据库逃避责任、没有按照规定及时向网信部门报告，未有效履行数据安全保护义务。

针对以上违法情况，上海市网信办依据《数据安全法》第二十七条、第四十五条，对该科技公司作出责令改正，给予警告，并处人民币8万元罚款的行政处罚；对公司直接责任人员作出罚款人民币 1 万元的行政处罚。

13. 因存在数据泄露，重庆市渝中区网信办对某科技公司处以 10 万元罚款

12 月 11 日消息，重庆市渝中区网信办因数据泄露，对某科技公司处以 10 万元罚款。

渝中区网信办根据上级部门移交的线索，查实该公司开发运营的某 OA 信息系统因未履行好网络数据安全保护义务，导致大量数据泄露，情节严重。且该公司作为网络数据处理者，未依法建立健全全流程网络数据安全管理制度，未依法组织开展网络数据安全教育培训，未采取相应的技术措施和其他必要措施等保障网络数据安全。

该公司上述行为违反了《网络安全法》《数据安全法》《个人信息保护法》等互联网法律法规。渝中区网信办依据《数据安全法》规定，对该公司作出了限期 5 日改正、给予行政警告，并处罚款 10 万元的行政处罚。目前，该公司已完成整改，建立健全相关管理制度，并全额缴纳罚款。

14. 公安部网安局公布多起适用《数据安全法》进行行政处罚案例

4 月 7 日，公安部网安局公布多起湖南网安部门根据《数据安全法》进行的行政处罚案例。

案例一：2023 年 2 月，湖南省某市公安局某分局网安部门工作发现，辖区某电商平台存在数据泄露隐患，迅速组织专业技术人员调取日志并约谈单位相关责任人员。经查，该企业服务器存在未授权访问漏洞，用户隐私数据存在泄露风险。通过进一步核实，该企业未制定数据安全管理制度、未充分落实网络安全等级保护制度。该市公安局某分局根据《数据安全法》第二十七条、

第四十五条第一款之规定，给予该企业警告，并处罚款 5 万元，对直接责任人处罚款 1 万元，责令限期改正。

案例二：2023 年 2 月，湖南省某市公安局某分局网安部门工作发现，辖区某商旅服务公司票务系统中存有大量用户姓名、联系方式、身份证号、航班、银行账户等敏感数据，存在数据泄露风险。

经查，该公司服务器短时间内存在大量登录失败、被恶意用户暴力破解账户密码痕迹。同时，服务器内安装的 Elasticsearch 软件，可通过互联网在没有账号密码条件下直接访问系统内敏感数据。该市公安局某分局根据《数据安全法》第二十七条、第四十五条第一款之规定，给予该企业警告，并责令限期改正。

案例三：2023 年 3 月，湖南省某市某县公安局网安部门在查办一起侵犯公民个人信息案件中发现某小区业主信息泄露线索，随即对小区所属物业公司发起"一案双查"。经查，该公司使用的人脸识别系统、车辆管理系统中明文存有 6000 余名业主姓名、联系方式、身份证号、银行账户等敏感数据信息。同时，人脸识别系统、车辆管理系统的登录账号均为弱口令，账号未设置权限管理，存放用户数据的办公电脑使用远程控制软件进行操作，且未采取任何安全防护措施，未履行数据安全保护义务。该县公安局根据《数据安全法》第二十七条、第四十五条第一款之规定，给予该公司警告，并责令限期改正。

案例四：2023 年 3 月，湖南省某市某县公安局网安部门工作发现，辖区某燃气公司缴费系统存有大量客户姓名、电话、身份证号、家庭住址等敏感数据。经查，该公司办公电脑未设置开机密码，缴费系统账号密码均为弱口令，并且该企业未制定数据安全管理制度、未充分落实网络安全等级保护制度。该县公安局根据《数据安全法》第二十七条、第四十五条第一款之规定，给予该企业警告，并责令限期改正。

15. 浙江公安网安部门适用《数据安全法》对违法单位罚款 100 万元

3 月，浙江省某市公安局网安部门在查处一起涉数据安全违法案件时，发现浙江某科技有限公司为浙江省某县级市政府部门开发运维信息管理系统的过程中，在未经建设单位同意的情况下，将建设单位采集的敏感业务数据擅自上传至租用的公有云服务器上，且未采取安全保护措施，造成了严重的数据泄露。

浙江省该市公安机关根据我国《数据安全法》第四十五条的规定，对该公司及项目主管人员、直接责任人员分别作出罚款 100 万元、8 万元、6 万元的行政处罚。针对建设单位失管失察、未履行数据安全保护职责的情况，当地纪委监委依照《温州市党委（党组）网络安全工作责任制实施办法》的规定，对建设单位主要负责同志、部门负责人等 4 人分别作出批评教育、诫勉谈话和政务立案调查等追究问责决定。

16. 新生儿信息遭泄露，山东省某市网警启动一案双查

山东省某市网警在工作中发现，本地多名新生儿父母曾接到"上门摄影"电话推销，疑似个人信息泄露。该市公安局网安支队立即成立专案组开展侦察，确定推销电话来自山东某文化有限公司。

通过深挖犯罪线索，锁定犯罪事实，成功破获一起侵犯公民个人信息案，抓获犯罪嫌疑人 13 名，涉案金额 200 余万元。

经查，山东某文化有限公司主营业务为新生儿摄影。公司法人席某倩于 2021 年 5 月联系在某单位工作的好友张某某、周某，意图通过非法渠道获取更多客户资源。与席某倩达成共识后，张、周二人利用职务之便潜入单位系统，查询获取到部分孕妇和新生儿信息，并以每条 5 元的价格出售给席某倩。查明真相后，专案组将上述 3 人以及山东某文化有限公司共同经营人张某江抓获，同时查获纸质版新生儿信息 2000 余条，电子版 6 万余

条。经梳理，席某倩非法获利51万余元，张某某非法获利24万余元，周某非法获利12万余元。

专案组加紧取证勘验，梳理其他曾为该公司提供各类公民个人信息的家政、月嫂、孕教等上线机构6家，席某倩转手倒卖新生儿个人信息的保险、产康等下线机构2家。专案组又先后抓获犯罪嫌疑人9名，进一步扩大专案战果，形成系统性打击震慑。

以上案件中涉事单位系统监管缺位，存在安全漏洞。网警开展"一案双查"，根据《数据安全法》对该系统主管单位处以行政警告并责令整改，对其开发运维企业处以行政警告、罚款5万元并责令整改，对企业驻点的直接责任人崔某健处以行政警告、罚款1万元。

17. 个人信息保护不当，宁夏6家物业公司被处罚

宁夏6家物业公司因存在信息泄露隐患，被当地公安机关依法予以行政处罚。

7月15日以来，公安机关严肃整治物业公司信息泄露乱象，开展公民个人信息保护专项检查行动。在检查中发现，多个物业公司办公电脑存储大量小区业主家庭住址、身份证号码、联系方式等个人信息。更为可怕的是，物业公司的存储数据未经加密处理，办公电脑未设开机密码，对个人信息未实行分类管理、未采取加密及去标识化等技术措施，业主个人信息被泄露的风险极大。

针对相关企业存储公民个人信息和不履行网络安全义务的违法行为，公安机关依据《中华人民共和国个人信息保护法》第五十一条、第六十六条之规定，对6家物业公司予以行政警告处罚并责令其限期整改。

18. 因数据泄露，南昌市公安机关网安部门对某高校罚款80万元

8月17日消息，南昌市公安机关网安部门在近日工作中发现，南昌市某高校3万余条师生个人信息数据在境外互联网上被公开售卖。网安部门立即开展一案双查，成功抓获犯罪嫌疑人 3 名。同时，对涉案高校不履行数据安全保护义务违法行为开展执法检查。

经查，涉案高校在开展数据处理活动中，未建立全流程数据安全管理制度，未采取技术措施保障数据安全，未履行数据安全保护义务，导致学校存储教职工信息、学生信息、缴费信息等 3000 余万条信息的数据库被黑客非法入侵，其中 3 万余条教职工、学生个人敏感信息数据被非法兜售。

网安部门根据《数据安全法》第四十五条的规定，对该学校作出责令改正、警告并处 80 万元罚款的处罚，对主要责任人作出 5 万元罚款的处罚。

19. 因未加密用户敏感数据，北京市公安局某分局对某公司罚款 5 万元

9 月 13 日，北京市某区披露一起某软件公司未履行数据安全保护义务导致存在数据泄露风险隐患被处罚案件。北京某软件有限公司研发的"数据分析系统"内存有用户敏感数据，未采用加密措施，系统服务器未采取任何网络防护措施和技术防护措施，造成 19.1 GB 个人敏感信息暴露在互联网。同时，该公司未制定数据安全管理制度，未充分落实网络安全等级保护制度。北京市公安局某分局根据《数据安全法》第二十七条、第四十五条第一款之规定，给予该企业警告，并处罚款 5 万元，责令限期改正。该案是北京市首例适用《数据安全法》进行执法的行政案件。

第三章 展望：2024年全球数据法治趋势研判

2024年，必然是充满希望与挑战的一年。以生成式人工智能为代表的颠覆性技术引发人类对未来的无限想象，也不断冲击、重塑着现有秩序与规则。国际环境的复杂性与不确定性短期内将持续存在，国际规则的冲突与融合将呈现愈加复杂的形势。科技与法治、科技与人之间的关系该何去何从是各国立法者需要审慎思考、回答的时代之问。纵观数据法治领域，一味强调数据保护或兼顾数据利用的立法取向或难以满足蓬勃发展的技术、经济发展需求。不同的数据法治态度也将深度影响新一轮数字科技革命和产业变革中全球竞争格局。在此背景下，2024年，将是全球数据法治理念变革的重要一年。数据法治体系将在数据保护的基础上愈加完善。作为数字经济方面的立法的数据立法将进一步发展，以平衡个人与国家、政府与产业、发展与安全、国内与国际等多重价值目标，促进技术进步与法治变革的良性互动。具体而言，2024年全球数据法治将呈现以下趋势。

一、数据法治重点逐渐从规则塑造转向制度落实

各国数据治理规则持续细化与完善，为落实法律制度要求提供了明确指引，为监管机构开展执法、司法提供了有效抓手。推进制度准确、有效落实已具备良好现实基础。数据法治从规则塑造逐渐转向制度落实，推动

将数据安全政策法律要求切实转化为国家与社会、组织与个人的数据安全保护能力成为其必然走向。过去一段时间内，各国监管机构重点围绕数据安全基础制度规定展开执法。欧盟地区依据GDPR开展的执法中，"缺乏数据处理合法性基础""未遵守数据处理规则"及"技术和组织保障措施不足"是罚款主要原因。我国公安、网信等监管部门围绕数据安全基础制度开展执法活动，执法对象从大型企业逐渐转向中小企业。未来，随着执法活动的全面开展，执法领域将进一步深化，执法重心将进一步下沉。思考如何将制度规定更好地转化为治理效能成为关注重点。就我国情况来看，数据治理规则仍存在一定的不确定性。《网络数据安全管理条例》自2021年11月首次征求意见后不断进行调整，虽在重要数据保护、数据出境等问题上仍存在不确定因素，但有望加速出台法律配套规定。而随着重要数据识别、保护的规则与实践探索的推进，重要数据重点保护的落实工作将逐渐为监管机构所重视。同时，数据出境安全与发展之间的辩证关系将进一步明确，针对数据出境活动的监管将全面展开。

二、地缘政治等因素持续影响全球数据治理格局

全球主要经济体对数据治理规则制定的主导权争夺进一步激化，数据治理模式竞争性特点凸显。欧盟围绕"数字主权""技术主权"推进"数字化转型"。一方面以高保护水准引领全球个人数据保护；另一方面以促进数据共享为目的着力打造单一数字市场，构建欧盟内外"双重标准"体系，强化自身在数据治理规则中的话语权体系。美国凭借自身数字经济实力及市场占有率，在数据安全问题中引入意识形态及政治制度等因素，加速布局数字地缘战略，把控数字技术规则的主导权，在数字技术领域对竞争对手进行打压。部分国家基于自身利益诉求，选择效仿主要经济体数据治理模式，地缘政治正在深刻影响全球数据治理格局。作为全球数据治理的重要议题，数据跨境流动受地缘政治影响程度也将进一步扩大。主要经济体

在数据跨境流动方面的规制分歧在相当长一段时间内难以弥合，利益相关方在数据跨境流动方面的价值共同体建设将持续加强，数据跨境流动未来将面临更大的复杂性与不确定性。在数据治理规则中塑造话语权，发挥大国引领作用是我国数据治理下一阶段工作的重点。

三、人工智能技术将持续冲击传统数据保护规则

法随时变，新技术新应用发展到哪里，法治建设就覆盖到哪里。当前，人工智能已成为新一轮科技革命和产业变革的重要驱动力量，也成为大国竞争的重要领域。欧盟、美国、英国等纷纷加强战略部署试图在新一轮的国际竞争中占据先发优势。数据与隐私立法是规范人工智能负责任发展、防范相关风险的重要机制，欧盟、美国、英国、加拿大等国家或地区对于包括 GDPR 在内的数据保护规则在人工智能领域的可适用性已达成共识。

与此同时，人工智能发展具有高度的数据驱动性，训练数据集的大小与质量直接影响大语言模型的实际效用。人工智能模型处理目的的非预设性、处理结果的难预知性也与数据保护领域的最小必要原则、目的限制原则、存储限制原则存在一定的冲突。此外，人工智能技术发展带来的数据洞察力提升也将直接影响数据"识别性""敏感性"的认定。如何应对人工智能技术对传统数据保护规则的冲击，促进人工智能规范与传统数据保护规则的协同是接下来各国人工智能与数据保护、治理亟须解决的问题。

四、数据为发展赋能将成各国数据立法共同诉求

当前数字经济已成为重组全球要素资源、重塑全球经济结构、改变全球竞争格局的关键力量。数据是数字经济的关键要素，数据的高效流通和合理使用是充分释放数据要素价值、支撑数字经济高质量发展的内在要求。在全球新一轮数字科技革命和产业变革中，大力发展数字经济已经成为世

界主要大国和地区提升经济竞争力的共同选择。经过 2018 年欧盟 GDPR 实施以来新一轮数据保护立法浪潮及理念洗礼，全球数据保护无论是立法理念，还是具体规则落实均较前一阶段有了质的进步与发展。与加强数据保护同样亟须解决的还有各国在全球经济不景气背景下经济复苏与发展问题。数据作为数字经济的底层支撑，如何释放数据价值促进数字经济发展已成为全球经济复苏背景下的强烈政策导向。欧盟的《数据治理法》《数据法》，印度的《数字个人数据保护法案》以及美国各州数据规则的发展均凸显了数据价值释放的强烈需求。国内亦是如此。2023 年中央经济工作会议强调，要以科技创新推动产业创新，特别是以颠覆性技术和前沿技术催生新产业、新模式、新动能，发展新质生产力，而数据就是新质生产力的关键生产要素。释放数据价值，塑造经济发展新动能、新优势是我国现阶段的必然要求。《数字中国建设整体布局规划》提出的畅通数据资源大循环、国家数据局的组建、数据资产入表等均是贯彻这一发展理念的表征。在此背景下，破除数据流通使用堵点，实现数据资源向数据资产转变，助力构建与数字生产力发展相适应的生产关系，将成为接下来各国数据立法的重要方向。以促进数据共享、交换等为目标的数据基础制度建设、数据流通规则、数据定价规则、数据服务生态以及数据安全生态建设等也将成为接下来各国数据立法的重要着力点。

智联社会 智能向善：
生成式人工智能法治
研究报告

引 言

智能之火，光芒闪烁；智联社会，无限可能。

在这个新时代，变化成为新常态。

人类将自己命名为智人（homo sapiens），智能是人、物、环境相互作用的产物，指向一种"通过评估作出选择的能力"。自 1956 年达特茅斯学院研究小组开启机器智能化探索以来，当下以 ChatGPT、Copilot、Sora 等为代表的生成式人工智能（GenAI）正从"数据飞轮"迈向"智慧飞轮"，其所代表的通用人工智能（Artificial Gencral Intelligence，AGI）路径有望进一步释放实现人机共智的巨大潜能。

我们不能仅将 GenAI 看作是一项技术，而更应看到从"万物互联"趋向"万物智联"的时代大背景。GenAI 作为一种颠覆性技术，具有高度的延展性、通用性，它重塑信息利用的传统模式以及工作和决策方式，带来比第三次工业革命更根本性的变化。《AI 联结的社会：人工智能网络化时代的伦理与法律》一书中这样描述"智联社会"的场景："人类可以自身为主体与智能网络共生，通过充分活用智能网络，自由安全创造、交换、联结各种数据、信息和知识，形成'智慧网络'，使特定领域中人、事、物要素超越空间协作，得到更有创造性、活力的发展——一个以人类为中心的智能社会状态。"[①]

[①] ［日］福田雅树等：《AI 联结的社会：人工智能网络化时代的伦理与法律》，宋爱译，社会科学文献出版社 2020 年版。

从技术本身与社会发展来说，技术性质及运作模式不同，其监管治理逻辑也不同。GenAI具备"自工业革命以来从未见过的变革潜力"，[①]无论是刺激有益，还是有害变化的力量都是巨大的，在一定程度上构成"国家和社会行为者的权力来源"[②]。GenAI具备军民两用潜能，可能同时对安全格局和经济发展产生重大影响，主要国家和地区纷纷把推进GenAI技术发展应用作为提升国家核心竞争力、维护国家网络空间安全的重大战略。总体来说，2023年以来GenAI的跃迁发展与应用给传统人工智能法治带来诸多挑战：传统监管治理思路难以应对GenAI技术特性带来的新挑战，静态监管治理方式和工具难以适应技术与风险的快速迭代，监管治理需增强感知力、响应力和平衡力；传统监管治理视野对GenAI作为新型颠覆性技术的认知不足，难以适应全球竞争新格局。

技术本无善恶之分，追求智能向善，也是追求法治向善，让GenAI技术运行在法治规则之下、伦理之内。法治是社会治理的有效方式，也是维护智联社会秩序的基石。运用法治思维、法治方法是推进GenAI善治最有效的途径之一。

正如科林格里奇困境所揭示的——在技术初期相对容易进行规范，但人们对其影响和规范原因的了解也还处于初级阶段；当技术得到广泛运用和传播后，强制实施对技术的规制将变得更加困难，此时进行规制的原因往往已变得痛苦而清晰。当下是GenAI善治的"奇点时刻"与"关键时刻"，加强对GenAI发展、风险及法治的前瞻性研究与回应，探索构建智联社会的法治秩序，成为全球共同面对的重大课题。2023年以来，我们也见证了全球不同国家和地区的GenAI法治的探索。

[①] *On Advancing Global AI Governance*, https://www.cigionline.org/articles/on-advancing-global-ai-governance/.

[②] Jonas Tallberg, Eva Erman, Markus Furendal, Johannes Geith, Mark Klamberg, Magnus Lundgren, *The Global Governance of Artificial Intelligence: Next Steps for Empirical and Normative Research*, International Studies Review, Volume 25, Issue 3, September 2023, viad040, https://doi.org/10.1093/isr/viad040.

人类追求科技的目的在于"善的生活",在于求得归属感、安全感。安全能给人稳定、秩序与和平,消除无序、恐惧与焦虑。但在泛智联、泛风险社会语境中,"安全"并非意味没有危险。"相对安全"逐步成为各国GenAI法治向善的理性目标——并不追求根除风险,也非简单考虑风险的最小化,而是探索基于风险的分类分级监管,重点管控高风险的GenAI应用,探寻社会可接受的安全度。其出发点是安全可通过程度加以衡量,公众的身心安全度、事物的可靠度等要素构成了"安全度"。归根结底,不发展才是最大的不安全。GenAI技术与产业方兴未艾,停止发展,或者不合理的慢速发展,可能恶化安全环境。各国希望构建包容、扶持,具前瞻性、可预期的GenAI法治环境,探索鼓励GenAI创新发展的支持性举措。同时,GenAI因关乎国家核心竞争力,已经成为大国博弈的关键领域。

雅各布·特纳在《机器人现代法则:如何掌控人工智能》中指出,未来10年到20年中最大的问题不是如何阻止人工智能摧毁人类,而是人类应如何与人工智能共存,今天的规制可能对未来技术发展轨迹产生影响。在建立日常法律监管结构时,我们应为出现的任何威胁做好准备。[1]

在不确定的时代寻找确定性之锚,用法治向善推动GenAI技术向善无疑是一项长远的目标。

---

[1] Turner J., *Robot rules: Regulating artificial intelligence*, Springer, 2018.

执 行 概 要

报告旨在从更加全局性的视角、更具包容性的框架入手，尝试揭示 2023 年以来全球 GenAI 法治的脉络和规律。报告首先阐明 GenAI 的定义与技术特性，厘清 GenAI、基础模型、通用目的人工智能模型、通用人工智能等关键概念的关系，剖析 GenAI 技术应用和发展的风险。在此基础上，报告对主要国家和地区 GenAI 法治探索和实践情况进行跟踪、观察、系统梳理，兼顾国家治理与国际治理、硬法之治与软法之治，既有宏大叙事，又有微观剖析。

基于对全球二十多个国家和地区 GenAI 法治进展的跟踪，报告重点剖析美国、欧盟及其成员国、英国、加拿大、新加坡等国家和地区的 GenAI 法治进展典型，同时关注联合国、经济与合作发展组织（OECD）、二十国集团、北大西洋公约组织、七国集团、东盟等国际 GenAI 治理进展。结合 GenAI 法治面临的挑战，总结 GenAI 法治现实回应的七大特点：一是 GenAI 多元主体协同共治，凝聚共识成为重要导向；二是 GenAI 监管方式刚柔并济，软法与硬法的功能互补；三是技治与法治互嵌运行，技术赋能智联社会监管治理；四是从单一治理走向链条治理，供应链安全成关注重点；五是兼顾创新与安全，助推 GenAI 新技术新业态的发展；六是数据、算法和模型成核心抓手，监管规则相继落地；七是场景治理加快推进，政务、警用等特殊场景引发关注。

基于上述分析，本报告提出六项智能向善的 GenAI 法治愿景：一是凝聚 GenAI 法治之力，展现协同、包容底色；二是立良法以行善治，监管 GenAI 行业更好地发展；三是面向产业生态链的治理，分类分级、动态管控；四是 GenAI 技治融入法治，科技、人的因素更凸显；五是场景应用与治理深化，政府发挥引领示范作用；六是国际治理重建信任，各方共识转化为务实成果。

本报告致力于为 GenAI 法治研究者、政策制定者以及相关从业人员提供参考，帮助其更好地了解 2023 年以来 GenAI 法治进展、实践、特点及其背后更深层次的考量。GenAI 技术是不断迭代演进的，GenAI 法治也将不断迭代、吸收、调整、发展。报告属于阶段性研判和分析，可能存在一定主观性与局限性，未来将持续跟踪关注，并根据各国和地区 GenAI 法治发展更新完善。

目　次

第一章　智联社会下的 GenAI 技术与风险 /115

　一、智联社会下的 GenAI 技术审视 /115

　　（一）GenAI 技术定义与特性分析 /115

　　（二）GenAI 相关术语与边界厘清 /117

　　（三）GenAI 与智联社会发展概况 /118

　二、智联社会下 GenAI 技术应用和发展的风险 /120

　　（一）技术本身特性引发的风险 /121

　　（二）技术应用带来的安全风险 /122

　　（三）社会因素催化的放大风险 /124

第二章　GenAI 的法治挑战和现实回应 /126

　一、GenAI 法治挑战 /126

　二、GenAI 法治现实回应 /127

　　（一）GenAI 多元主体协同共治，凝聚共识成为重要导向 /128

　　（二）GenAI 监管方式刚柔并济，软法与硬法的功能互补 /129

　　（三）技治与法治互嵌运行，技术赋能智联社会监管治理 /132

　　（四）从单一治理走向链条治理，供应链安全成关注重点 /135

　　（五）兼顾创新与安全，助推 GenAI 新技术新业态的发展 /138

（六）数据、算法和模型成核心抓手，监管规则相继落地　　/139

（七）场景治理加快推进，政务、警用等特殊场景引关注　　/142

第三章　全球 GenAI 法治图景　　/145

一、GenAI 国家法治进展　　/145

（一）美国　　/145

（二）欧盟及其成员国　　/149

（三）中国　　/153

（四）其他国家　　/155

二、GenAI 国际治理　　/170

（一）联合国　　/171

（二）经合组织　　/172

（三）二十国集团　　/173

（四）北大西洋公约组织　　/174

（五）七国集团　　/174

（六）东盟　　/174

第四章　智能向善下的 GenAI 法治愿景　　/176

一、凝聚 GenAI 法治之力，展现协同、包容底色　　/176

二、立良法以行善治，监管是为了行业更好地发展　　/181

三、面向产业生态链的治理，分类分级、动态管控　　/184

四、GenAI 技治融入法治，科技、人的因素更凸显　　/186

五、场景应用与治理深化，政府发挥引领示范作用　　/188

六、国际治理重建信任，各方共识转化为务实成果　　/191

附录一：生成式人工智能法治关键术语 /193

附录二：美国发布《关于安全、稳定和可信的人工智能行政令》
并开展后续行动 /211
  一、管控安全风险和威胁 /211
  二、推动人工智能向善创新 /212

附录三：国际刑警组织《执法中负责任人工智能创新工具包》 /217

第一章　智联社会下的 GenAI 技术与风险

2023 年以来，伴随技术迅速发展和应用逐步落地，各国对 GenAI 的认知和风险研判由浅入深。不少国家都将 GenAI 视为未来技术发展的核心竞争力，但同时又对"技术失控"怀有比以往都更为明显的担忧。

一、智联社会下的 GenAI 技术审视

（一）GenAI 技术定义与特性分析

关于 GenAI 的定义，美国特殊竞争研究项目将 GenAI 定义为"在训练数据集中发现模式、进行推理，生成文本、图像或音频等内容的一类算法"①。新加坡资讯通信媒体发展局将 GenAI 定义为"学习数据底层分布，并可从这种学习分布中生成文字、音频、视频等新内容的人工智能模型"②。我国《生成式人工智能服务管理暂行办法》将 GenAI 定义为"具有文本、图片、音频、视频等内容生成能力的模型及相关技术"③。

关于 GenAI 的技术特性，一方面，GenAI 具备新内容生成能力，而非简单重复用户输入。GenAI 是传统人工智能的进阶版，在学习大量数据后

---

① *Generative AI: The Future of Innovation Power*，https://www.scsp.ai/reports/gen-ai/，2024 年 3 月 1 日访问。

② *Generative AI: Implications for Trust and Governance*，https://aiverifyfoundation.sg/downloads/Discussion_Paper.pdf，2024 年 3 月 1 日访问。

③ 《生成式人工智能服务管理暂行办法》，https://www.gov.cn/zhengce/zhengceku/202307/content_6891752.htm，2024 年 1 月 1 日访问。

可对用户请求生成独特的书面、音频和视频等内容,体现为一种"创造力",而非仅是"分析力"。

另一方面,GenAI通用性更强。传统人工智能多存在弱交互、单任务、封闭性的技术局限,GenAI通常更灵活、多功能。2024年2月,OpenAI推出"Sora"模型,通过文本指令可直接输出长达60秒视频,这意味着,继文本、图像后,OpenAI将GenAI拓展到视频领域,OpenAI表示,Sora构成理解并模拟现实世界的模型的基础,这一能力将是实现通用人工智能的重要里程碑。① 业界认为,"GenAI可能是弱人工智能到强人工智能的转折点,从一个被动、辅助性的技术他者地位,逐渐转变为能力较强并与治理形成相对平等的互动关系"②(见表1)。

表1 传统人工智能与GenAI技术对比

对比坐标	传统人工智能	GenAI
预期目的	使用预定义数据集解决特定问题或完成预设任务	生成新内容,比如文本、图像、音乐等(生成数据集中未有的新输出)
训练方式	通常采用结构化数据集进行学习、训练,从而预测或执行任务	采用非结构化数据集进行学习,能够进行持续性培训,以便对特定业务用途进行模型微调
算法架构	通常在基于规则的系统、决策树以及类似模型上运行,尽管可学习数据中的潜在模式,但通常需要更多预处理工作,以确保算法表现良好	生成式人工智能采用灵活的神经网络算法,能够处理各种不同的输入,并学习数据中的潜在关系和模式
应用领域	图像识别、推荐系统、异常检测、文本分类和风险预测	音乐、故事创作、内容生成、图像合成与识别、推荐系统、异常检测、文本分类、风险预测、视频创作、风格转换和逻辑推理等创造性任务

---

① 《生成式视频应用Sora强势推出,AIGC落地进程加速》,https://pdf.dfcfw.com/pdf/H3_AP202402221622753134_1.pdf1708592242000.pdf。
② 《"稳定"是治理的基础,AI带来的"不确定性"需被关注》,载微信公众号"数旗智酷",https://mp.weixin.qq.com/s/CenVKFmW9rJfMWOpcLjfoQ。

续表

对比坐标	传统人工智能	GenAI
评估方式	通常采用特定任务绩效指标来评估模型的准确性、精确度和召回率	输出结果可能更加主观且依赖人类判断

资料来源：根据美国加利福尼亚政府运营局公开资料以及与ChatGPT3.5、Bard问答整理。

（二）GenAI相关术语与边界厘清

关于GenAI、基础模型、通用目的人工智能模型、通用人工智能的关系与概念厘清，从技术发展脉络来看，早期版本的GenAI是为解决特定任务而设计的，例如，CycleGAN、StyleGAN等模型建立在生成对抗网络架构上，可通过在选定的数据集上进行训练，以适用特定任务的方式创建、修改图像。2021年，斯坦福大学研究人员引入"基础模型"（Foundation Model）术语，[①] 即在广泛的数据集上进行训练的GenAI的一种特殊情况，可作为更具任务特定性模型的"基础"。2022年11月推出的ChatGPT是GenAI大规模应用、传播的重大转折点。

2023年以来，强大的硬件支持、海量数据集、自我监督训练技术、Transformers神经网络架构等因素共同推动了GenAI，尤其是基础模型在性能和泛化能力方面的提升。以GPT-4为代表的基础模型展现出远超构建预期的涌现能力，在没有经过明确训练的情况下，在很多任务上表现出色，被认为可能代表通用人工智能的雏形。IBM将"基础模型"描述为"一种可适应各种下游任务的人工智能模型……虽然目前所有基础模型都是基于GenAI构建的，因此具备内容生成能力，但可以不使用生成功能的方式使用。基础模型有时被称为'通用目的人工智能'（General-purpose AI）。"

欧盟《人工智能法案》针对GPT-4等引入"通用目的人工智能模型"这一术语，即"一个人工智能模型，包括在使用大量数据进行大规模自我

---

① *On the Opportunities and Risks of Foundation Models*. 2021. DOI：10.48550/arXiv.2108.07258.

监督训练时,无论以何种方式投放市场,都显示出显著的通用性,能胜任各种不同的任务,并可集成到各种下游系统或应用"。与之对应,"通用目的人工智能系统"是指以通用目的人工智能模型为基础的人工智能系统,该系统具有服务于各种目的的能力,既可直接使用,也可集成到其他人工智能系统中。

业界预测未来会出现一种被称为"奇点"(the Singularity)的现象,即人工智能达到足以与人类智能相媲美并且超越人类智能的时间点。英国科学、创新与科技部将"通用人工智能"描述为"一种高级人工智能的理论形式,在最具经济价值的工作中具有与人类相媲美或超过人类的能力"。许多人工智能公司已公开表示,人工智能发展目标是建立AGI,并相信AGI可能在未来20年内实现。其他专家则认为,可能在几十年内都无法建立真正的AGI。

综上,GenAI是人工智能的一种特定形式,新内容生成能力、更强的通用性是其本质特征,推动了人工智能新技术发展;基础模型是GenAI的一种特殊情况,更强调模型集成到各种下游系统或应用的通用性;通用目的人工智能模型是对基础模型的常用法律术语表达,虽然GPT-4等基础模型可能并非真正的AGI,但在一定程度上实现跨领域的智能表现;AGI则代表着人工智能更高级别、更理想的形态,理论上指具备与人类同等智慧或超越人类的人工智能,能表现正常人类所具有的所有智能行为。

(三) GenAI与智联社会发展概况

GenAI具有社会技术性质,是系统设计、开发和使用过程中涉及的复杂技术、组织和人的因素的产物,作为一项颠覆性技术,可在不经意间触发社会深层次变革的巨大力量。

一方面,与印刷机、蒸汽机和计算机一样,基础模型的实用性巩固GenAI作为"通用技术"的潜力,在整个经济社会中具有广泛适用性和溢出效应。① 伴随大模型、算力与生态共振，从基础设施层向智能应用层落地，"万物互联"趋向"万物智联"，GenAI技术及其服务可构成警务、交通、医疗、教育等各行各业"新型数字基础设施"与"生产力工具"。在我国，从2023年8月第一批国产大模型通过备案至今，已有共计四批国产大模型陆陆续续通过备案。大模型产品通过备案的企业中，既有第四范式、零一万物、衔远科技、识因智能等人工智能企业，也有小米、智联招聘、Boss直聘、脉脉、什么值得买、步刻科技、新壹科技、创思远达、掌阅等垂直领域的厂商②。

另一方面，ChatGPT、Sora等产品正在唤醒全球对GenAI变革潜力的认知，引发前所未有的关注，激发世所罕见的创造力。ChatGPT可模仿人类的对话和决策能力，推动了公众广泛采用GenAI的第一个拐点。而在Pika、Runway、Stable Video、Sora等视频产品层出的背景下，其模拟能力不仅标志着GenAI在内容创造领域正在经历从文字、图片到动态视频的跨越，更昭示着GenAI的发展方向正"由虚向实"，走向现实立体空间的解析与模拟。在网民规模持续扩大、网络接入环境日益多元、智能化进程不断加速的影响下，GenAI将加速向生产生活渗透。

此外，GenAI、大数据等技术的广泛应用让每个人都可成为数字化的个体——被追踪、被收集、被分析、被输出。③ 当然，机器的创造性行为仍是源于人类头脑的创造性行为，GenAI是人类智慧的延伸，而非替代，提供"重新审视社会赋予智力劳动价值"的契机。④

在智联社会语境下，GenAI不仅是一项技术、一类产品、一个行业。在智联社会大变局的前夜，GenAI所提供的经济发展手段与社会控制方式，

---

① *A Policymaker's Guide to Foundation Models*，https：//newsroom.ibm.com/Whitepaper-A-Policymakers-Guide-to-Foundation-Models.
② 《新一批国产大模型通过备案，多家垂直领域厂商入列》，《证券时报》2024-01-27。
③ 《智能新时代——如何把握人工智能发展的战略主动》，https：//mp.weixin.qq.com/s/j9dC7ozhiqQlcuOrJXKOnw。
④ 《黑匣子创造力和生成式人工智能》（*Black-box creativity and generative artifical intelligence*），https：//journals.sagepub.com/doi/full/10.1177/02663821231195131。

已显著改变人们曾经认定的社会理念与行动模式。这种改变，对公众来讲，"可能是一个日常生活的变化问题——技术带给人们更加新奇的体验，带给人们更多的便利，带给人们更多的欲望以及满足欲望的手段"①。对警务、交通、医疗、教育等各行各业来讲，可能意味着工作流程与习惯的变化、数据融合共享的深化、高端集成应用的强化。换言之，GenAI具有社会技术性质，是系统设计、开发和使用过程中涉及的复杂技术、组织和人的因素的产物。

在我国，回顾历年政府工作报告，从2015年提出的"互联网＋"到2019年提出的"智能＋"，在不同阶段推动产业的转型升级。2023年以来，随着GenAI等技术成为引领新一代产业变革的核心力量，《关于2023年国民经济和社会发展计划执行情况与2024年国民经济和社会发展计划草案的报告》首次提出开展"人工智能＋"行动，推动人工智能技术与经济社会各领域深度融合，支撑各行业应用创新，赋能百业智能化转型升级，提高生产效率，激发创新活力，重塑产业生态，培育经济发展新动能，形成更广泛的以人工智能为创新要素的经济社会发展新形态。"人工智能＋"行动体现出从研发到场景应用再到产业打造的全链条赋能，是将人工智能从助力千行百业提质增效的辅助手段升级为支撑经济社会转型升级不可或缺的基础设施和核心能力。

未来，GenAI有望渗透到社会整体之中，人类和智能共存，在特定社会场景之下，实现人、物和智慧网络的相互联结。

二、智联社会下 GenAI 技术应用和发展的风险

依据来源，可将GenAI的安全风险划分为技术本身特性引发的风险、技术应用带来的风险和社会因素催化的放大风险。

---

① 《应当懂得的善治之道》，https：//mp.weixin.qq.com/s/izyiHHZE70GFshmvVKf8BA。

（一）技术本身特性引发的风险

一是"终极黑盒"与"共同无知"带来 GenAI 时代的信任危机。"模型涌现"意味着，即使输入相同，模型输出也可能不同。GenAI 的技术特性在一定程度上改变算法"黑箱"的本质。传统意义上的算法黑箱本质上为技术"黑箱"，技术原理仅为一部分人所知，而另一部分人不得而知，这里的另一部分人主要是指监管和公众；在 GenAI 语境下，算法"黑箱"问题的本质由"人与人之间的信息不对称"转变为"人类在强人工智能面前的共同无知"，各方都面临对 GenAI 技术发展变化和影响后果的共同无知。[①] GenAI 模型表现越好，其解释性可能越低，会给技术与系统的引入、部署带来额外风险，损害系统在生成、输出过程的透明度，在受到质疑或必须解释时陷入困境。

二是成员推理攻击引发关注，可能加剧私人、敏感数据泄露风险。GenAI 强交互性、强生成性，可能在无意中重构、推断、伪造个人数据或敏感细节。尼克拉斯·卡利尼等学者以"从大模型中提取训练数据"为主题进行实验，成功演示对 GPT-2 训练数据的提取攻击，恢复姓名、电话号码和电子邮件等个人信息训练样本。此外，有研究者发现攻击者能够推断特定照片包含在训练数据集中的人脸信息，例如，若对医疗数据模型发起成员推理攻击，攻击者可将特定疾病与人员联系起来。成员推理攻击的对象不限于使用生物特征数据集（面部图像、录音、步态检测）的模型，还可能包括基于遗传数据等高度敏感信息的模型。

三是数据中毒与负优化对 GenAI 模型性能和可信度带来影响。美国 SANS 研究所发现，对抗性攻击是 2023 年最值得关注的新兴网络攻击技术之一，本质是欺骗机器学习模型的恶意输入，典型例证为中毒攻击。GenAI 模型面临严峻的数据中毒风险：（1）在预训练阶段，训练数据包含

[①] 《从传统治理到敏捷治理：生成式人工智能的治理范式革新》，https://mp.weixin.qq.com/s/PmXjQZHVx12pcyn47jlGaA，2024 年 3 月 1 日访问。

公开数据源，若公共数据集被恶意投毒、噪声干扰，可能导致模型生成错误或不准确内容；（2）后门植入投毒可能导致特定字符触发模型作出特定行为；（3）在模型推理阶段，答案生成可能涉及数据库搜索，存在数据中毒可能；（4）若将历史对话内容作为语料库素材，也将构成训练数据投毒的攻击面。此外，若 GenAI 模型依赖用户反馈优化，攻击者可利用这一点引导模型负优化。

（二）技术应用带来的安全风险

GenAI 具备自适应性和学习能力，攻击者通过滥用 GenAI 技术，可以更低成本实施更复杂的犯罪，智能化、自动化也放大犯罪威胁与收益。未来 GenAI 技术可能被广泛用于破坏个人形象和信誉、在线骚扰或羞辱个人、实施勒索和诈骗、辅助文件伪造、散布虚假信息与恐怖言论、煽动针对少数群体的暴力等违法犯罪活动。在更高层次，GenAI 滥用可形成庞大黑市和犯罪产业链，促进基于模型与数据的黑市交易、工具供应、智能犯罪服务专业化加剧，促使犯罪者之间的交流协作将愈发频繁，形成更大规模犯罪网络，导致大量技术应用风险。

一是从社会工程到网络诈骗、网络钓鱼。犯罪分子利用 GenAI 不仅对拟人化文本进行简单分析与生成，还对社会动态和心理因素进行更为深入挖掘与理解，形成犯罪、人性和技术的复杂融合。2023 年 7 月，一种名为"蠕虫 GPT"的新型网络犯罪工具在暗网掀起热潮，其针对来自合法网站、暗网论坛、黑客手册、恶意软件样本、网络钓鱼模板等各种来源的数十亿个单词进行训练，可基于数据爬取、社会工程为恶意网络活动生成具有连贯性、针对性的内容。

二是从模型幻觉到虚假信息、深度伪造。模型幻觉是指生成幻觉或创造误导性、虚假信息，并将其作为真实内容提供。而深度伪造作为虚假信息传播高级形式，借助 GenAI 创建的视频、图像、语音，模糊真实与虚假的界限，对社会信任带来极大挑战，Sora 等进一步加剧对深伪视频的担忧。

联合国区域间犯罪和司法研究所发布的《人工智能恶意使用和滥用现状》总结常见GenAI深伪技术类别，包括面部替换、面部重现、面部生成、语音合成、浅层伪造。预测到2026年，高达90%的在线内容可能由GenAI生成。①《生成式人工智能的兴起和即将到来的社交媒体操纵3.0时代》指出，GenAI的稳定扩散意味着社交平台操纵舆论潜力的提升，各国可制造看似真实的假象推动"政府叙事"，GenAI也可能被非国家行为体掌握，影响民众判断，构成国家安全威胁②。

三是从恶意代码生成到勒索攻击平民化。GenAI可快速创建代码及迭代版本，规避传统安全监测。同时，GenAI带来的网络攻击"平民化"趋势明显，即使是没有技术背景的犯罪者也可学习攻击技巧、代码和战术。如今，利用GenAI生成恶意软件已从理论探讨走向现实危害，绕过安全防护措施的恶意利用受到广泛关注，甚至在暗网论坛中成为热门话题。例如，有研究团队发布了犯罪者使用ChatGPT创建信息窃取程序、加密工具、勒索软件、暗网市场脚本等真实示例。

四是从秘密数据爬取到大规模隐私侵犯。2023年6月，"OpenAI集体诉讼第一案"在美国加利福尼亚州北部地区巡回法院诞生，一家律师事务所指控OpenAI和微软公司"在开发、营销和运营人工智能产品时，非法收集、使用和分享数以亿计的互联网用户的个人信息，包括儿童信息，侵犯原告的财产权、隐私权和其他法律权利，并给社会带来潜在的灾难性风险"，违反《电子通信隐私法》《计算机欺诈和滥用法》《加利福尼亚侵犯隐私法》等法律法规。起诉书强调，"无论个人是否在技术上可以请求ChatGPT删除数据，彻底删除是不可能的，因其基于个人输入数据、个人信息、其他用户数据和非用户数据进行训练，数据无法彻底从系统中提取出来，正如一个人无法忘记六年级学过的数学"。

---

① *Deepfakes and the Quest for Truth*，https://www.linkedin.com/pulse/deepfakes-quest-truth-david-cain-is8jc，2023年12月26日访问。

② *The Rise of Generative AI and the Coming Era of Social Media Manipulation* 3.0，https://www.rand.org/pubs/perspectives/PEA2679-1.html，2024年3月1日访问。

五是关系依赖与供应链风险传导。GenAI 基础模型有望构成影响各行业的底座型技术，对各领域多重介入、互联深化，但这意味着模型自身缺陷引发的风险会被"继承""传导"给下游模型，①造成系统性风险——风险和威胁不再是简单叠加，而呈现动态复杂性，影响路径从局部走向全局。此外，由于缺乏关于系统内或嵌入第三方提供商中的 GenAI 模型使用情况的披露，难以从第三方托管模型提供商处获得模型输出解释，问责性、透明性风险显著。而在金融信贷、医疗保健、刑事司法等关键领域不当使用 GenAI，在对精度和准确性有高要求的任务中滥用 GenAI，将放大公共安全风险。

（三）社会因素催化的放大风险

技术风险在技术应用过程中逐渐形成，是各种社会因素共同影响的结果，GenAI 也不例外，经济、政治、文化、宗教等社会因素对其带来的安全风险起到催化、放大的作用。

一是过度依赖造成"认知萎缩"，强化已有偏见和歧视。对 GenAI 的过度信任和过度依赖，可能导致使用者面临认知萎缩风险，干扰技能发展。此外，当 GenAI 模型在其本身生成的合成数据上进行训练时，训练反馈循环可能强化合成数据中已有偏见，使得模型性能恶化，基础模型还存在将偏见传导到下游模型的风险。在更高层面，GenAI 倾向于维护现状，基于历史数据进行内容生成，当这些系统的影响日益加深，可能阻碍社会期望的创新与变革。

二是加剧"社会分化"与"社会不平等"现象。在"后真相"时代，GenAI 和深度伪造可能导致无处不在的谎言和无法抗拒的宣传。不同群体、阶层生活在不同信息氛围中，更难就共同现实基础进行对话、理解。斯坦福大学互联网观察站研究员瑞安娜·普费弗科恩指出，在一个充斥着引人

---

① 《生成式人工智能大模型的新型风险与规制框架》，https://mp.weixin.qq.com/s/p0lMd8FLdC3w9lINoqyCbQ，2024 年 3 月 10 日访问。

注目的深度伪造视频的世界，视频验真的责任可能会被转移到录像者身上；此外，在智能手机芯片组中引入深伪验证技术必然增加生产成本，一旦此类手机入市，将比缺乏此功能的低端设备更昂贵，然而并不是每个人都能负担得起；对"未经证实"的手机所拍摄的视频持怀疑态度将变相加剧对手机所有者的现有偏见。①

三是动摇证据体系与公正价值理念的根基。英国一起涉及合成音频的儿童监护权争夺案件引发各界关注。母亲拒绝丈夫接触孩子并称其有暴力倾向，向法院提交一段丈夫对妻子发出暴力威胁的 GenAI 合成音频。音频、视频、图像等视听资料代表着人们的所见所闻，具有记录并还原真相的能力，用于支持或反驳特定主张，帮助法官和陪审团作出公正裁决。伪造电子证据本就属于犯罪行为，而该案在更深层面引起人们对视听资料作为电子证据在法庭上可信度、可采性的特别关注。在更广泛的社会层面，GenAI 技术的恶意滥用可能对任何依赖于公众或客户信任实现其使命的机构、组织、体系带来挑战。

---

① *The Threat Posed by Deepfakes to Marginalized Communities*，https://fsi.stanford.edu/news/threat-posed-deepfakes-marginalized-communities，2024 年 1 月 1 日访问。

第二章　GenAI 的法治挑战和现实回应

一、GenAI 法治挑战

GenAI 技术内核的涌现性与颠覆性、应用场景的通用性与广泛化、利益主体的交融性与多元化、未来发展的不确定性，其应用过程所引发的传统、放大与新型社会风险趋向动态性、渗透性、跨界性、全局性，一方面凸显法治回应的紧迫性，另一方面也表明，GenAI 法治是一个多层次、复杂性的问题，面临诸多挑战，主要体现为"谁治理""如何治理""治理到何种程度"三个问题。

一是"谁治理"。伴随应用场景日益广泛，智联社会下 GenAI 风险的广泛性、联动性、深入性、不确定性使得监管治理目标呈现多元化特点，治理边界的模糊性、重叠性凸显，如何协调统筹多个部门、主体壁垒、整合碎片化治理资源，如何防范规制职能交叉导致的低效监管，是关键挑战。与此同时，行业、社会治理参与的缺失，可能弱化监管规制决策和执行效果，潜在诱发治理的非预期后果或衍生风险。在更广泛的国际层面，GenAI 产业与服务跨越地理边界的特性使国家间的安全空间相互交错，技术研发、供应、使用不再局限在一国内，可能引发管辖权、执法权冲突，监管的国际协调性需纳入考量。

二是"如何治理"。传统监管治理方式多注重全面性和长期稳定性，面对快速迭代的 GenAI 技术及其带来的社会问题和挑战，需要监管机构审慎研究并用妥当方法予以回应，而这造成技术发展与技术治理之间的时间差。此外，以 ChatGPT、Sora 为代表的 GenAI 模型基于大量数据学习，其决策过程复杂、可解释性差，且新业态尚处于发展与成长阶段，模型应用过程中所产生的风险在一定程度上具有不确定性、难以预知性。如何增强感知力、响应力和平衡力，边治理、边学习、边完善，包容应对多元、动态、模糊化治理目标是一大挑战。

三是"治理到何种程度"。GenAI 监管治理并非单纯技术问题，而是涉及更深层次的规范性、分配性问题，包括谁拥有技术决策权、谁应为风险和错误担责、如何促进程序和实质上的数字正义等。[①] 在更高层面，GenAI 发展跨越了产业化门槛，被世界各国视为推动新一轮科技革命的关键力量、颠覆性技术，产业部门如何在技术发展与监管的协调中发挥更大作用是一个现实挑战。此外，就监管与问责而言，"模型即服务（MaaS）"等产业链条上会出现开发者、部署者、专业用户、个体用户、接受者以及第三方服务提供商等多种主体，仅关注开发商可能会导致过度且低效的合规；专注于部署者和用户可能给由于洞察力或资源有限而无法遵守规定的主体带来负担，个体参与者难以具备全面知识能力和控制力；此外，产业链条上可能出现的责任共享、重叠也迎来挑战。[②]

二、 GenAI 法治现实回应

针对以上挑战和问题，各国和地区作出了法治回应与探索。如何实现技术发展和安全的良性互动，接受风险并与之共存，成为当下及未来治理的关键议题。虽然各国有模式路线之争，但是并未影响 GenAI 法治共识的

---

① *AI and Global Governance：Modalities，Rationales，Tensions*，https：//www.annual-revi-ews.org/doi/abs/10.1146/annurev-lawsocsci-020223-040749

② Hacker P，Engel A，Mauer M. *Regulating ChatGPT and other large generative AI models* [C] //Proceedings of the 2023 ACM Conference on Fairness, Accountability, and Transparency. 2023：1112-1123.

凝聚，相关立法回应和方案仍有较强的启示和镜鉴效应。本部分以全局性视角，尝试揭示2023年GenAI法治的脉搏和规律。

（一）GenAI多元主体协同共治，凝聚共识成为重要导向

政府仍是GenAI治理的核心主体。欧盟、美国、加拿大、日本等国家或地区一方面积极推进国内GenAI法治进程，另一方面不断强化国际合作。欧盟和加拿大启动《欧盟—加拿大数字伙伴关系》提出加强国际标准制定协作与监管执法信息共享。美欧签署《人工智能促进公共利益行政协议》旨在通过联合开发模式和综合研究来应对全球性挑战。与此同时，国际组织、政府间机构成为引导GenAI治理的重要力量。联合国、G20、OECD、G7、东盟等聚焦GenAI研发、使用、风险控制与合作形成一系列重要承诺、愿景、原则和共识，促进治理规则全球共享。联合国专门成立人工智能高级别咨询机构，并先后发布《在教育和研究中使用GenAI指南》《以人为本的人工智能治理》等文件。G20发布《G20新德里领导人宣言》并重申"G20人工智能原则"；OECD更新人工智能定义，将"生成式"元素纳入其中，发布《人工智能语言模型：技术、社会经济和政策考量》；G7相继发布《人工智能开发者自愿行为准则》《人工智能进程综合政策框架》；东盟推进《人工智能治理和伦理指南》。这些组织机构在提升国际公众对GenAI的认知度和信任度、防范全球监管环境割裂和不兼容、缓释企业复杂和高成本的合规困境方面发挥重要作用。

从政府主导趋向"政府＋市场"共治成为国际共同趋势。面对GenAI"知识差距"，欧盟、美国、英国、澳大利亚、韩国等纷纷成立专门咨询机构，监管与行业间不仅促进知识共享，还进一步推动指南、框架互通，基于行业最佳实践凝聚共识，打通治理要素间形成的双向传导机制。全球GenAI行业的一大特点是行业控制力和影响力相当高，头部企业从被动接受监管转向主动参与治理，构建企业自治与政府监管的衔接互动机制。谷歌、微软、OpenAI及Anthropic等组建"前沿模型论坛"；Meta、IBM等

50多家机构成立人工智能联盟；8家全球科技公司与联合国教科文组织签署人工智能协议。

我国在 GenAI 领域与各国共推发展、共护安全、共享成果。加强信息交流和技术合作，共同做好风险防范，形成具有广泛共识的人工智能治理框架和标准规范，不断提升人工智能技术的安全性、可靠性、可控性、公平性"。我国在第三届"一带一路"国际合作高峰论坛期间发布《全球人工智能治理倡议》，提出要坚持广泛参与、协商一致、循序渐进的原则，密切跟踪技术发展形势，开展风险评估和政策沟通，分享最佳操作实践；在此基础上，通过对话与合作，在充分尊重各国政策和实践差异性基础上，推动多利益攸关方积极参与，在国际人工智能治理领域形成广泛共识。我国与美国、英国等 28 国及欧盟签署首个全球性人工智能声明《布莱切利宣言》。《生成式人工智能服务管理暂行办法》支持行业组织、企业、教育和科研机构、有关专业机构等在 GenAI 风险防范等方面开展协作。

（二）GenAI 监管方式刚柔并济，软法与硬法的功能互补

自 ChatGPT 发布以来，全球掀起 GenAI 研发热潮。各国监管者对 GenAI 监管治理的紧迫性认识不断深化，法治探索加速进行，包括两个层次。第一个层次是硬法规制。硬法是指"体现国家意志，由国家制定或认可，依靠国家强制力保障实施的法律规范"，[①] 是 GenAI 监管必不可少的底线规则。然而，围绕当下是否制定新的专门人工智能法，国际上仍存在争议，这成为 GenAI 法治发展道路上的一个根本性问题。

鉴于 GenAI 仍处于"社会试验"状态，法律也是这一社会试验的重要组成部分：

[①] 沈宗灵：《法理学》，高等教育出版社 2004 年版，第 42 页。

欧盟主张人工智能专门立法并针对类 GPT 大模型引入"通用人工智能"条款，欧洲议会已正式通过《人工智能法案》；

美国主张在新技术发展初期不必仓促进行大而全的人工智能立法，而应针对突出问题以总统行政令推进渐进式、补丁式的大模型监管；

英国政府表示，未来可能采取有约束力的措施，但目前不会急于监管，过早引入有约束力的措施，即使针对性强，也可能无法有效应对风险，导致监管很快过时或扼杀创新；

加拿大、日本正在推进国内人工智能新法制定探索，重点关注具有一定规模和通用目的 GenAI 基础模型，但能否正式通过成为法律有待观察；

新加坡、韩国、阿联酋等在技术方面的领先地位使其更注重探索灵活、敏捷的软法治理，短期内不出台硬法；

俄罗斯在 GenAI 领域面临人才流失、先进制程芯片制裁、技术投资不足等困境，其《国家人工智能发展战略》强调加强大模型研究，对抗西方垄断，国家杜马重点针对 GenAI 带来的虚假信息、深度伪造风险进行局部立法探索，尚未提出制定统一的法律框架。

目前国际社会对制定新的专门人工智能法的争议点在于：第一，立法条件是否成熟，法律的第一个特性就是刚性，而 GenAI 人工智能等新技术仍在发展阶段，监管能否完全理解技术实现方式及其使用可能带来的后果；第二，制定新法的必要性如何，是否存在真正的规则漏洞，法律行为和法律关系发展是否足够成熟；第三，人工智能法不等同于 GenAI 法，不能把人工智能法的调整对象默认为 GenAI，大部分普通人工智能产品并不会涉及隐私保护问题，也不需要训练数据，需充分考虑人工智能的多样性，避免针对 GenAI 的条款对其他人工智能的发展产生限制效果。

硬法制定因其刚性、滞后性、强制性等陷入争议，这就出现 GenAI 法治的第二个层次：软法治理。软法是指"不依靠国家强制力保证实施的法律规范，它是一种由多元主体经或非经正式的国家立法程序制定或形成，并由各制定主体自身所隐含的约束力予以保障实施的行为规范",① 因其柔性特征更容易被GenAI行业接受。面对GenAI强智能性、快速迭代性、不可预期性，敏捷治理、温和干预已逐步成为新加坡、新西兰、韩国、阿联酋等国应对GenAI风险的主要方式，《生成式人工智能模型治理框架：培育可信生态（拟议稿）》《生成式人工智能指南》《生成式人工智能的100个实际应用和用例》等相继发布，强调快速反应、行业互动、政策迭代。软法可作为过渡性立法，为落实新出台的硬法营造共识，提供技术、经验上的支持。以加拿大为例，《人工智能和数据法（草案）》配套文件表明，在生效后的最初几年，该法的重点是教育和指导，以柔性的方式鼓励行业、企业自愿遵守规定，直到GenAI生态适应新的监管框架，政府才会采取有效的执法行动。2023年《关于先进生成式人工智能系统负责任开发和管理的自愿行为准则》暂时为加拿大行业企业提供通用标准，使其能够自愿证明正在负责任开发使用GenAI，直到新法施行。此外，软法可有效弥补硬法因为兼顾不同情况而出现的模糊地带，将硬法规定明确化、具体化，提高硬法的实效。以日本为例，《促进负责任的人工智能基本法案（草案）》提出由政府决定抽象层面的GenAI义务，私营部门、行业组织负责制定具体义务标准和行为准则。综上，GenAI软法以不同于硬法的方式体现了公共性、规范性、普适性等共性特征。

一项颠覆性新技术的出现，总会对现行的社会秩序甚至法律秩序造成一定的冲击。对GenAI技术革命引发的新情况、新问题，我国采取积极、包容、审慎的规制策略，探索构建"硬性的规制"与"柔性的指引"并行的人工智能法治体系，趋向综合治理、精细治理。一是注重技术应用合法合规性，《网络安全法》《数据安全法》《个人信息保护法》等持续延伸适用，《互联网信息服务深度合成管理规定》《生成式人工智能服务管理暂行办法》相继施行。《生成式人工智能服务管理暂行办法》具有层累式立法特

---

① 《人民政协与软法之治》，http://www.cppcc.gov.cn/2011/11/21/ARTI1321842150562323.shtml，2024年2月1日访问。

征,推动现行法律在 GenAI 领域的落实、应用和重申,如内容安全管理要求、个人信息处理合法事由与权利响应、数据安全、应用安全、算法安全评估与算法备案等。《人工智能法》列入《国务院 2023 年度立法工作计划》。二是加强科技伦理治理,探索发展人工智能的基本伦理规范,《科技伦理审查办法(试行)》发布。根据《科技伦理审查办法(试行)》,下一步我国人工智能企业可能需要建立本单位的科技伦理(审查)委员会,建立健全科技活动全流程科技伦理监管机制和审查质量控制、监督评价机制,在开展科技活动前进行科技伦理风险评估或审查。三是积极推动 GenAI 标准研究与制定,通过标准化最佳实践对 GenAI 数据安全、标注规范等热点议题提供指引。

(三)技治与法治互嵌运行,技术赋能智联社会监管治理

在 GenAI 时代,无处不在的算法和蓬勃涌现的新技术不仅是法治规制的对象,也逐步嵌入法治,成为一种新型的法治治理手段,治理并塑造人类自身。

2023 年以来,技治与法治彼此的内嵌、牵连、塑造在 GenAI 政策立法、伦理文件中尤为明显。无论是美国《关于安全、可靠和值得信赖的人工智能开发和使用的行政令》、欧盟《人工智能法案》、澳大利亚《安全和负责任的人工智能咨询:澳大利亚政府的临时回应》等提出的数字水印、安全测试,新加坡《生成式人工智能模型治理框架:培育可信生态(拟议稿)》强调的 GenAI 事件管理与报告系统,还是韩国《人工智能时代个人信息安全使用指南》、西班牙《合成数据和数据保护公告》等提出的合成数据、隐私增强技术等,这些技治手段如工具箱中的工具,在不同 GenAI 法治场景下被选取、整合为相适应的技治工具,被排兵布阵应对多元化的 GenAI 治理目标。

伦理治理问题转化为技术治理问题:提高治理质效。无论是《布莱切利宣言》、欧洲委员会《人工智能、人权、民主和法治框架公约(草案)》、

经济与发展合作组织《人工智能语言模型：技术、社会经济和政策考量》等国际性共识文件，还是新加坡《生成式人工智能模型治理框架：培育可信生态（拟议稿）》、韩国《人工智能时代个人信息安全使用指南》等各国发布的一系列 GenAI 指南与自律规范，都带有浓厚的"技术主义"色彩，意在将伦理治理问题转化为技术治理问题。针对透明度和可解释性，《人工智能语言模型：技术、社会经济和政策考量》提出重点关注语言模型使用时间、使用指导、滥用警告、反馈机制，实施生成内容检测和透明度检查；针对透明度和监督，《人工智能、人权、民主和法治框架公约（草案）》提出缔约方应采取或维持针对具体情况而设计的措施，实现人工智能系统生成的内容检测和透明度检查；针对数据安全问题，《人工智能时代个人信息安全使用指南》《合成数据和数据保护公告》等引入隐私增强、去标识化、数据映射和标记等技术工具推动伦理原则落地。当然，GenAI 伦理治理问题转化为技术治理问题并不是一劳永逸的解决方案，技术治理也存在局限，如技术偏见、滥用等问题，为此各国也注重在技术治理的基础上，加强伦理审查和监督，确保 GenAI 技术的安全、伦理和可持续发展。

数字水印技术法律化：以特定方式标记真实或虚假。GenAI 深度伪造可低成本创建高质量恶意文本、图像和视频，可能在人们心中植入"任何信息都可能为假"的观念，作为技术方案回应，数字水印以特定方式标记真实或虚假。美国数字水印融入立法的过程呈现从行业"最佳实践＋保护用户的自愿性承诺"——刚性"行政令或立法探索"——精准化"NIST 指南"的渐进式发展脉络。OpenAI 早已在 DALL-E 图像中采取标识措施，谷歌人工智能研究机构研究 SynthID，Instagram、Meta 也在探索为生成内容贴标签技术。2023 年 7 月，谷歌、亚马逊、Meta 等与白宫签署协议，承诺通过数字水印管控生成内容风险。同期，美国国会引入《2023 年人工智能标签法案》《人工智能生成内容咨询法案》，规定任何主体生成图像、视频、音频或多媒体人工智能生成内容，应注明标识；任何开发 GenAI 系统的实体均应实施合理的程序性措施，防止生成内容未标注、未披露技术应用的具体信息；美国商务部美国国家标准与技术研究院（NIST）成立人工智能透明度工作组，协助平台识别 GenAI 生成内容。2023 年 10 月，拜登签署的《关于安全、可靠和值得信赖的人工智能开发和使用的行政令》体现对上述立法思路的肯定，提出制定一套由政府主导的新标准，用于为 GenAI 生成内容添加数字水印，并指示 NIST 制定内容认证和水印指南。此外，欧盟《人工智能法案》要求科技公司标记深度伪造和 GenAI 生成内容，并以可检测生成内容的方式设计系统，《安全和负责任的人工智能咨询：澳大利亚政府的临时回应》拟构建面向高风险环境中部署的 GenAI 系统的自愿水印或数据溯源机制。

安全测试技术法律化：GenAI 安全漏洞不可避免，但可管理。《布莱切利宣言》强调，开发前沿人工智能能力的行为者，特别是开发那些异常强大且具有潜在危害的人工智能系统，对确保这些人工智能系统的安全负有特别重大的责任，包括通过安全测试系统、评估系统和其他适当措施。在美国，OpenAI、谷歌等在新产品发布前采用的模型评测、红队测试等安全实践获得政府认可与采纳。2023 年 5 月，白宫简报《拜登—哈里斯政府宣布采取新行动促进负责任的人工智能创新，保护美国人的权利和安全》宣布政府邀请多方主体对生成式人工智能等系统进行独立公开测评。7 月，白宫召集七大公司作出自愿承诺，包括安全测试、与政府和其他组织共享风险信息。9 月，谷歌、英伟达、微软和 Meta 宣布"人工智能红队计划"，并与白宫合作设计红队挑战赛。10 月，拜登签署的《关于安全、可靠和值得信赖的人工智能开发和使用的行政令》提出，"要对人工智能系统以及政策、机构和其他适当的机制进行稳健、可靠、可重复和标准化的评估，以便在这些系统投入使用之前测试、理解和减轻风险……测试和评估，包括部署后性能监控，将有助于确保人工智能系统按预期运行，能够抵御误用或危险修改，以合乎道德的方式、以安全的方式开发和运行"；谷歌推出漏洞赏金计划以勘察 Google AI 系统漏洞；国会立法也对行政令举措予以肯定和拓展，《人工智能测试法案》要求 NIST 与相关联邦机构、私营企业和高等教育机构负责人协调，建立包含虚拟环境、实验环境的人工智能测试平台，支持 GenAI 安全护栏开发，审查 GenAI 系统滥用风险，评估可能导致系统产生故障、运行失败或遭受攻击的特定漏洞和条件。11 月，拜登政府指示商务部在 NIST 内成立美国人工智能安全研究所，评估前沿人工智能技术的新型风险，促进 GenAI 安全保护和测试标准制定。12 月获得批准的《2024 财年国防授权法》也将推动 GenAI 安全测试作为国防部工作重点。2024 年 1 月，白宫表示各联邦机构已基于《国防生产法》授权强制要求 OpenAI 等 GenAI 开发者向商务部报告安全测试结果。

此外，新加坡早已推出标准化自测工具，2024 年 1 月发布的《生成式人工智能模型治理框架：培育可信生态（拟议稿）》强调第三方测试并构建事件管理与报告系统，以及时通知漏洞修复和持续改进。日本《促进负责任的人工智能基本法案（草案）》鼓励第三方检测和报告漏洞。

我国 GenAI 法治探索中也有一些初步的技术治理表达。《互联网信息服务深度合成管理规定》针对"智能对话、智能写作等模拟自然人进行文本的生成或者编辑服务"提出"显著标识"要求，强调任何组织和个人不得采用技术手段删除、篡改、隐匿，这些要求在《生成式人工智能服务管理暂行办法》得以重申和强调。《生成式人工智能服务内容标识方法（征求意见稿）》针对不同生成内容提出更为细化的水印标识指导。此外，《全球人工智能治理倡议》强调推动建立风险等级测试评估体系，快速有效响应，积极发展用于人工智能治理的相关技术开发与应用，支持以人工智能技术防范人工智能风险，提高人工智能治理的技术能力。

（四）从单一治理走向链条治理，供应链安全成关注重点

GenAI 工具开发人员在设计产品时常依赖第三方组件，比如基础模型、训练数据集和 API，庞大的供应商网络可能给 GenAI 系统带来更大的攻击面，其中任何一个薄弱环节都可能会对产品的安全性产生负面影响。当前各国对 GenAI 的治理已不局限于对单一主体或行为的治理，更强调对

GenAI 从开发到应用各个环节的治理，注重各环节供应商之间的信息披露与合作管理——若是提供高风险系统或基础模型的提供者，需向政府和相关方披露更多风险信息；同时，开始探索区分模型层、应用层的问责——传统人工智能监管主要关注应用层的使用方式，而忽略了 GenAI 开发关键环境和通用目的性，下游用户可能缺乏控制或解释模型的能力。美国商务部国家电信和信息管理局（NTIA）就 GenAI 问责政策公开征求意见的要点，即涉及价值链复杂性带来的挑战、多目标之间的平衡、实施问责的难度。

为应对和规制 GenAI 模型向下游应用的风险传导，美国、英国等 18 个国家发布《安全人工智能系统开发指南》[①]，主张 GenAI 供应链中的"提供者"（包括负责数据管理、算法开发、系统设计、部署和维护的企业）应对供应链下游用户（包括最终用户和使用外部人工智能组件的供应商）的安全结果负责：一是密切关注复杂的供应链安全，开发人员在与第三方合作时要审查并监控供应商安全状况，要求供应商遵守相同安全标准，对导入的第三方代码实施扫描和隔离；二是优先考虑"设计安全"和"默认安全"，开发人员应为下游应用结果承担责任，而非依赖客户控制安全；三是注重安全开发持续性、协作性，安全实践贯穿 GenAI 设计、开发、部署、运维等全生命周期。

如何在以复杂方式相互链接的主体之间妥善分配责任，从而实现监管目的，是一个疑难问题，也是主要国家和地区的法治关注。欧盟《人工智能法案》在制定过程中充分考量 GenAI 供应链的复杂现实，无论是对数据、模型、硬件等节点，还是对正在涌现的更为复杂的供应链节点，都希望在法律层面给予理性回应，对提供者、部署者、用户、分发者、进口者等各主体的安全义务和问责进行精细化划分。以通过 API 提供"模型即服务"为例，欧盟《人工智能法案》要求通用模型提供者确保模型安全性、

---

① *Guidelines for secure AI system development*，https://www.ncsc.gov.uk/collection/guidelines-secure-ai-system-development，2024 年 2 月 6 日访问。

可靠性,下游用户确保模型合规使用。一方面,通用模型提供者具有信息披露义务,为潜在的下游供应商提供所有必要的技术文件,协助其了解模型能力和局限性、履行合规义务;另一方面,若下游供应商对模型进行重大修改,通用模型提供者不承担责任。美国商务部基于《国防生产法》授权,强制要求OpenAI等强大人工智能系统的开发者披露风险信息。美国联邦通信委员会、联邦贸易委员会、消费者金融保护局、司法部民权司等关注数据和数据集、模型的不透明性、系统设计和使用等源头风险,基于既有法律和监管工具,对GenAI重点环节开展敏捷、有效监管。在基础训练数据供应管理方面,美国联邦贸易委员会正在探索制定新规,明确公民敏感健康数据、地理位置数据和浏览数据等不可用于GenAI公司的模型训练。

在我国,《生成式人工智能服务管理暂行办法》的监管思路将GenAI产业链特点纳入考量。在主体方面,区分GenAI提供者、使用者的安全义务与责任划分,重点在于提供者,但在提供者所提供的服务符合《生成式人工智能服务管理暂行办法》等相关法律法规要求的情况下,使用者利用技术从事违法违规行为所造成的损害后果,应由其自身承担;在监管环节方面,着眼于研究开发、设计制造、部署应用、用户使用等GenAI生命周期环节进行监管设计。例如,在研究开发阶段,注重对训练数据的收集和使用进行规制,规定提供者应当依法开展预训练、优化训练等训练数据处理活动,使用具有合法来源的数据和基础模型,需要进行数据标注的,提供者应当制定符合本办法要求的清晰、具体、可操作的标注规则,同步开展数据标注质量评估,抽样核验标注内容的准确性,提前对标注人员进行必要的培训等;在设计制造阶段,注重如何将合规要求融入产品设计中,提供者在设计产品的过程中不仅需要通过外部协议来明确权利义务,还需要通过对产品进行精准定位,明确受众群体、范围和使用必要个人信息的范围,并且为使用者提供切实可落地的行权路径,并设置便捷的投诉、举报入口,公布处理流程和反馈时限;

在部署应用阶段，引入深度合成内容标识、算法备案与安全评估等要求；在用户使用阶段，规定提供者应当在其服务过程中，提供安全、稳定、持续的服务，保障用户正常使用。此外，提供者发现违法内容的，应当及时采取停止生成、停止传输、消除等处置措施，采取模型优化训练等措施进行整改，并向有关主管部门报告。

（五）兼顾创新与安全，助推 GenAI 新技术新业态的发展

与印刷机、蒸汽机和计算机类似，基础模型的实用性巩固 GenAI 作为一种"通用技术"的潜力，在整个经济社会中具有广泛的适用性和溢出效应。伴随大模型、算力与生态共振从基础设施层向智能应用层落地，GenAI 技术及其服务可构成各行各业"新型数字基础设施"与"生产力工具"。纵观全球，各国已然意识到 GenAI 法治不能突破 GenAI 技术创新规律、产业发展以及立法内在规律，一方面要通过法治手段保障 GenAI 风险防范目标实现，另一方面要以良法为 GenAI 创新发展提供包容、扶持、前瞻、可预期的制度环境。在此治理理念下，各国在 GenAI 治理领域探索出了一系列促进创新的治理模式。

研发、开源模型豁免规则。欧盟《人工智能法案》针对 GenAI 引入通用人工智能模型提供者和部署者的透明度义务，设置"具有系统性风险的通用人工智能"模型分类并强化安全保护，但同时引入一系列豁免规则：一是研发豁免，该法规定的义务不适用于 GenAI 系统上市前的研究、开发和原型设计活动；二是给开源模型更大的豁免权，该法规定的义务不适用于开发者免费向公众提供的开源模型，但豁免权存在一定限制，例如，若该模型被认定构成系统性风险，则开源并不能成为其免于遵守规定的理由。加拿大《人工智能和数据法（草案）》拟将 GenAI 系统分为"开源软件"和"功能齐全的高影响力人工智能系统"，研究人员通常会将 GenAI 模型或工具作为开源软件发布，任何人都可以使用这些软件基于自身的数据和目标开发 GenAI 系统，由于这些模型本身并不构成一个完整的人工智能系

统，开源软件发布无需承担各项合规义务，而功能齐全的高影响力人工智能系统的提供者则需落实所有合规义务。

监管沙盒机制。AI监管沙盒隔离试验过程中的法律风险，通过弹性的制度设计，提升监管框架的灵活性、适应性，为行业企业进行GenAI开发提供良好的环境。欧盟《人工智能法案》将AI监管沙盒定义为"由主管机关建立的一个具体和受控的框架，为人工智能系统的提供者或潜在提供者提供在监管监督下根据沙盒计划在有限的时间内开发、培训、验证和测试创新人工智能系统的可能性"，要求透明、广泛、公开参与，还要建立推定合规和尽职免责制度，善意遵从相关规定与公共机关指导的企业可豁免处罚。新加坡、阿联酋、法国、巴西、英国、毛里求斯等国也纷纷推出"监管沙盒"，允许组织在安全可控的环境中测试GenAI。监管沙盒摒弃了传统监管模式中监管机构单向监管市场的行为，探索如何在"政府＋市场"多元主体互动中实现动态平衡，合理配置技术逻辑、伦理逻辑、法律逻辑、管理逻辑及相关治理方式，最大程度地构建一个具备向上兼容性、现实开放性的安全可控的实验生态。

我国科技部等六部门于2022年发布的《关于加快场景创新以人工智能高水平应用促进经济高质量发展的指导意见》鼓励创新内容，但多以"指导意见"为主，内容为方向性、原则性的规定。2023年以来，《生成式人工智能服务管理暂行办法》突出"发展与安全并重"的治理原则，在立法依据中，新增《科学技术进步法》；在制度层面，引入一系列产业发展促进类条款，包括支持基础技术创新、应用场景探索、生态体系构建、数据资源建设等。

（六）数据、算法和模型成核心抓手，监管规则相继落地

面对GenAI技术带来的诸多风险，作为GenAI应用重要支撑的数据、算法和模型成为各国治理的重要维度。

相较于传统人工智能，高质量和多样性数据对GenAI的重要性更加凸

显。从设计、预训练、模型调优到整个算法迭代更新，GenAI 都离不开高质量的数据供给。2023 年以来，GenAI 模型迭代发展导致对高质量数据需求激增。以 OpenAI 公司的 GPT 系列模型为例，2020 年发布的 GPT-3 参数量为 1750 亿个，而 2023 年 3 月发布的 GPT-4 参数量据媒体报道已经达到 18 000 亿个，且使用了 13 万亿的训练数据集①。在此背景下数据的安全性以及相关的数据隐私问题引发关注。欧盟《人工智能法案》将"隐私和数据治理"纳入人工智能系统开发、使用的六项原则之一。美国《关于安全、可靠和值得信赖的人工智能开发和使用的行政令》特别关注了人工智能发展中的隐私保护问题。欧美之外，英国、新加坡、新西兰等国均针对人工智能中的数据保护问题发布了相关规定。此外，一系列针对 GenAI 应用中的数据保护问题执法已经开展。2023 年 3 月，发生在 ChatGPT 的用户对话及支付数据泄露事件不久，意大利个人数据保护局发布临时禁令，禁止 ChatGPT 处理意大利用户个人数据并对其 GDPR 的合规性开展调查。4 月，欧洲数据保护委员会成立专门工作组以协调 ChatGPT 相关执法行动。此后，加拿大、日本、美国、韩国等国家的数据保护机构围绕个人数据主体权利保护、数据处理合法性基础等问题对 OpenAI 等 GenAI 应用也都开展了相关调查或执法。

GenAI 算法、模型的安全性构成衔接科技伦理与监管问责的连接点之一，是基于风险的算法备案、透明度报告、安全评估、指定安全负责人等机制成为各国监管部门的有力监管工具。欧盟《人工智能法案》关注到通用人工智能模型（包括大型生成式人工智能模型）可能产生的系统性风险——这类模型可以用于执行各种任务，并正在成为欧盟许多人工智能系统的基础，其中一些模型如果能力强大或被广泛使用，可能会引发系统性风险，例如，强大的模型可能会导致严重事故，或被滥用于影响深远的网络攻击。为此，欧盟要求有系统性风险的模型的供应商必须进行系统评估

---

① GPT-4 Architecture, Infrastructure, Training Dataset, Costs, Vision, MoE, https://www.semianalysis.com/p/gpt-4-architecture-infrastructure, 2024 年 2 月 16 日访问。

并采取措施减轻风险，报告严重事件，使用最先进的技术进行测试和模型评估，确保网络安全并提供其模型能耗相关信息，与欧洲人工智能办公室合作制定行为准则。美国探索引入分类分级监管思路和透明度报告、风险管理评估协议、认证程序等监管工具，《2023年人工智能研究、创新和责任法案》针对"关键影响"人工智能系统，引入美国商务部制定的关键影响人工智能系统风险管理评估框架，该法案要求进行全面的风险管理评估，每项评估要经过分析、评价、基准测试、风险衡量等多个环节，形成报告并向商务部部长提交。针对"高影响"人工智能系统，安全管理要求稍弱于前者，但仍需按照上述步骤向商务部副部长提交评估报告，阐明人工智能系统设计和安全计划。加拿大《人工智能和数据法（草案）》针对"高影响"人工智能系统，要求对在既定场景下使用GenAI等带来的潜在风险进行初步评估，并判定人工智能的使用是否恰当，评估所需的可解释性水平，并相应地作出设计决策，建立人工监督和监控机制等。澳大利亚政府拟从透明度、问责制等方面加强高风险的GenAI模型监管，要求公开模型的限制、能力以及适当或不适当使用的领域，指定安全负责人等。整体而言，算法、模型分类分级监管框架有助于在识别和评估GenAI应用可能引发的风险的基础上，设置与之相适应的保护水平与规则，使规制活动更具灵活性、层次性和可扩展性，可有效应对不断变化的复杂风险环境。

数据及算法治理同样也是我国人工智能健康发展的内在要求。2023年7月，国家网信办、国家发改委、教育部、科技部等七部门联合发布了我国首份对于GenAI的监管文件——《生成式人工智能服务管理暂行办法》。数据的规范使用是该《办法》的重要内容之一。《办法》要求开展预训练、优化训练等训练数据处理活动，所有活动应当遵循《数据安全法》《个人信息保护法》的要求，使用具有合法来源的数据，涉及个人信息的应当取得个人同意或者符合法律、行政法规规定的其他情形。在算法与模型监管方面，引入安全评估与算法备案，还提出针对GenAI技术特点及其在有关行业和领域的服务应用，制定相应的分类分级监管规则或者指引。

（七）场景治理加快推进，政务、警用等特殊场景引关注

自 GPT 系列大模型出现开始，GenAI 以其出色的生成能力开始影响一部分人解决问题的习惯，而随着数据要素的汇聚、算力基础设施的进步以及深度学习算法的不断更迭，GenAI 进入快速发展阶段，多模态代表了其发展的新趋势，人工智能实现了从感知理解世界到生成创造世界的跃迁。在产业应用上，GenAI 目前正从基础设施层趋向细分应用并通过其高通量、低门槛、高自由度的生成能力赋能办公、交通、医疗等多个行业、多个应用场景。基于风险管理理念，各国针对政务、警用等风险较高的场景治理正在加速推进。

在政务领域，GenAI 技术正当程序强调透明、准确、参与等核心要素，重新将"人"引入技术决策进程中。政府部门使用 GenAI 需要平衡的是工作效率与工作安全之间的关系，显然工作安全是首要价值。英国中央数字与数据办公室发布《英国政府生成式人工智能框架》，强调确保 GenAI 工具的安全性、在适当阶段进行有意义的人工控制、理解如何进行 GenAI 全生命周期管理。英国算法透明度记录标准（ATRS）为公共部门建立一种标准化方式，明确如何发布有关在公共决策中使用 GenAI 等算法的方式、原因相关信息。丹麦数字局发布《公共机构负责任使用生成式人工智能指南》，强调信息安全、质量控制、透明度与独立密码，要求政府机构向员工说明 GenAI 的信息安全风险并明确信息使用可接受的用途或不可接受的用途，并在使用 GenAI 之前签订管理协议。美国行政管理和预算办公室发布《美国政府使用人工智能政策（草案）》，规定各联邦机构指定首席人工智能官，建立内部协调管理机制，制定机构人工智能战略，探索 GenAI 在机构中的使用，定义影响公众权利和安全的 GenAI 等相关用例并强制要求实施保障措施；参议院首席信息官发布《对话式人工智能服务可用于研究和评估》，明确人工审核以确保内容的准确性和适当性，首席信息官假设，输入 GenAI 工具的所有信息都可能被用于其他地方或被他人看到，通过其他

可信资源验证 GenAI 工具生成信息的准确性等使用原则。在地方层面，康涅狄格州州长签署《关于人工智能、自动决策和个人数据隐私的法》，要求对政府机构使用 GenAI 等情况进行年度清查并在州开放数据门户网站上公布清查报告，包括系统名称和供应商、系统功能和用途、系统是否用于独立制定或实质性支持结论和判断以及是否进行部署前影响评估等。

在警务应用领域，GenAI 作为一种技术赋能，在警务执法中体现的是以警务数据为应用基础、以智能算法为应用驱动，从而达到以机器换人力、以智能增效能的逻辑，最大限度释放警力、提高公安机关的核心战斗力。但同时，GenAI 技术特征与警务执法场景固有特性的融合交叠容易诱发执法权的固有属性被侵蚀、执法程序完整性受损害、潜在歧视和偏见传导放大、公民基本权利遭侵犯、执法责任分摊难辨识等风险。2023 年以来，欧盟《人工智能法案》将预测性警务（基于对自然人的画像或对其个性特征和特点的评估，进行刑事犯罪风险评估或预测）、面部图像爬取列为不可接受风险系统，规定在公共场所为执法目的使用"实时"远程生物识别系统应事先得到司法机关或独立行政机关的授权；将刑事犯罪受害者风险评估、测谎、刑事证据可靠性评估、刑事犯罪自然人画像等列为高风险系统；同时，考虑到执法特殊需求设定豁免、引入监管沙盒，为警务新技术、新工具发育预留必要的制度空间。美国《关于安全、可靠和值得信赖的人工智能开发和使用的行政令》指示司法部部长审查司法部"调查因使用人工智能而导致执法人员侵害公民权利的情况"的能力，并向总统提交一份关于在刑事司法系统中使用人工智能的报告，研究 GenAI 等如何在保护公民隐私、公民权利和公民自由的前提下提高执法效率和准确性，并针对预测性警务等向执法部门提供最佳实践建议。司法部已任命首位人工智能官，就 GenAI 的伦理和效能问题以及如何负责任地将 GenAI 等技术整合到侦查、诉讼程序提出建议。加拿大多伦多警察局针对 GenAI 发展更新《人工智能使用政策》，推动制定审查和评估 GenAI 等新技术的程序和流程，要求实施最低风险和隐私影响评估，明确有潜在危害的新技术的风险级别和缓解措施，在根据程序和流程获得批准和培训之前，警察机构不得使用新的GenAI等技术。此外，欧洲刑警组织、国际刑警组织以及各国警察机构密切关注GenAI在警务应用的实际情况，它们从系统全生命周期入手，积极预测、评估并回应潜在风险，妥当设置基本原则及细化指引和配套工具，提升警务执法人员的新技术应用能力。国际社会已然意识到，负责任地将GenAI应用到警务中是一个持续性过程而非阶段目标，需所有利益相关方参与其中，需要适当了解警务机构内部的知识、结构、程序和技术措施，最终实现对GenAI及应用实践的回应性、敏捷性、互动性治理。

第三章 全球 GenAI 法治图景

2023 年至今，全球 GenAI 法治状况总体呈现出较为分散、差异化的态势，不同国家与地区的发展程度、方向差异决定了法治方案的差异性，呈现出对技术本身及其风险背后复杂因果关系的不同理解与法治取向。国际组织层面，GenAI 国际治理规则的影响力外溢是技术发展和市场演变的客观进程，但这一进程也受到权力博弈的主动塑造。其中，联合国作为最具代表性的政府间国际组织，在 GenAI 治理方面仍然发挥出一定领导作用。经合组织、二十国集团、七国集团、北大西洋公约组织等在人工智能语言模型、负责任使用方面达成一致。东南亚国家联盟、金砖国家等也开始在 GenAI 治理领域积极发声。

一、GenAI 国家法治进展

2023 年以来，伴随各国 GenAI 法治实质化进程加速推进，法治竞争的影响力日益提升，GenAI 的法治选择是否与技术发展规律相契合、能否产生高质量治理效能、形成良法善治局面，也会影响各国 GenAI 的未来发展。

（一）美国

GenAI 治理初期，美国治理思路相对克制、柔性，这与其针对新技术发展历来的"轻监管"思路相关，通过与行业密切互动，注重发挥人工智能市场自我调节性，实现对技术、产业发展方向的敏锐、深入感知和判断，先以软法约束推进监管与行业协同，挖掘已有法律与监管工具的适用性、延展性。

具体来看，白宫推动七家头部GenAI公司作出自愿承诺；国家标准与技术研究院（NIST）发布《人工智能风险管理框架1.0》；行业自律中心发布《招聘和雇佣中可信人工智能的自律原则》等。联邦机构立足各自职能提出GenAI监管治理方案。联邦贸易委员会、消费者金融保护局、司法部民权司等共同发布《关于打击自动化系统中的歧视和偏见的执法工作的联合声明》。白宫科技政策办公室发布《国家人工智能研发战略计划》[①]《拜登-哈里斯政府宣布采取新行动促进负责任的人工智能创新，保护美国人的权利和安全》[②]《拜登-哈里斯政府采取新措施推进负责任的人工智能研究、开发和部署》[③]，推动人工智能负责任发展。商务部宣布NIST将成立一个新的人工智能公共工作组，由来自私营或公共部门的志愿者和技术专家组成，以应对快速发展的GenAI安全风险。

随着国会召开四次人工智能论坛，监管对GenAI技术、风险、产业的了解日益深厚，美国开始逐步探索渐进式的硬性规制，2023年10月，美国发布具有里程碑意义的《关于安全、可靠和值得信赖的人工智能开发和使

---

① NATIONAL ARTIFICIAL INTELLIGENCE RESEARCH AND DEVELOPMENT STRATEGIC PLAN，https：//www.whitehouse.gov/wp-content/uploads/2023/05/National-Artificial-Intelligence-Research-and-Development-Strategic-Plan-2023-Update.pdf，2024年1月5日访问。

② FACT SHEET：Biden-Harris Administration Announces New Actions to Promote Responsible AI Innovation that Protects Americans' Rights and Safety，https：//www.whitehouse.gov/ostp/news-updates/2023/05/04/fact-sheet-biden-harris-administration-announces-new-actions-to-promote-responsible-ai-innovation-that-protects-americans-rights-and-safety/，2024年2月5日访问。

③ FACT SHEET：Biden-Harris Administration Takes New Steps to Advance Responsible Artificial Intelligence Research，Development，and Deployment，https：//www.whitehouse.gov/ostp/news-updates/2023/05/23/fact-sheet-biden-harris-administration-takes-new-steps-to-advance-responsible-artificial-intelligence-research-development-and-deployment/，2024年2月5日访问。

用行政令》，强调在管理风险的同时利用机遇。《行政令》覆盖安全保障、隐私保护、推进公平、与国家合作伙伴合作、支持政府成为人工智能应用典范等要点，要求强大的人工智能系统的开发人员与美国政府共享关键信息。《行政令》指示 50 多个联邦机构执行 100 多项具体行动，且必须在 2024 年年底前满足《行政令》规定的各种实质性要求。总的来说，《行政令》反映出美国人工智能监管的以下特征。

一是强化"回应性监管"，推动凝聚治理共识。《行政令》采取"全政府策略"，促进各联邦机构对人工智能潜在风险以及现有法律、监管工具的适用性、延展性的统一理解和实施；同时注重行业治理，通过监管与行业密切互动，推进达成共识的最佳实践、行业标准、测试环境等，实现对人工智能技术、产业发展方向及其有效治理策略和方法的敏锐、深入感知。2024 年 2 月，美国白宫招募 200 多家人工智能公司、利益相关方和公共社会组织，组建美国有史以来第一个致力于人工智能安全的联盟（AISIC），作为人工智能开发人员和联邦机构之间的桥梁，支撑制定红队、安全评估和其他安全措施的指导方针。

二是按照"重点突出"原则，摸排并评估人工智能在关键基础设施领域应用情况和安全风险。行政令要求各联邦机构进行人工智能在关键基础设施领域应用情况的风险评估并向国土安全部提交评估结果，考虑如何在采用人工智能的同时降低安全风险，为联邦政府下一步决策和行动提供支撑。

三是提升透明度，要求达到一定阈值的先进人工智能系统的开发者向监管报告安全测试结果等关键信息。美国商务部部长雷蒙多表示，美国政府正在利用《国防生产法》进行一项调查，要求正在或意在开发潜在双重用途基础模型的公司向联邦政府持续报告模型训练和发展、模型权重的所有权，以及强制性红队测试的结果以便于审查。《行政令》也明确将系统纳入上述报告要求的技术标准门槛，即"使用大于 10^{26} 次整数或浮点运算的计算量进行训练，或主要使用生物序列数据并使用大于 10^{23} 次整数或浮点运算的计算量进行训练"的模型,以及任何"位于单个数据中心内的计算集群……",其网络速度超过"100 Gbit/s",并具有"每秒 10^{20} 次整数或浮点运算的理论最大计算能力,用于训练人工智能"。不论是欧盟、日本还是美国,要求达到一定阈值、具有系统性风险的先进人工智能系统的开发者在投放市场前进行风险评估或安全测试,并向监管报告模型训练情况、安全测试结果或风险信息已成为共识。

2024 年 1 月,美国白宫发布《继拜登具有里程碑意义的行政令颁布后,美国拜登-哈里斯政府宣布开展关键人工智能行动》,表示联邦机构已全部完成《行政令》下 90 日行动目标,管控人工智能安全风险、推动人工智能创新,包括援引《国防生产法》,强制要求最强大人工智能系统的开发者向商务部报告大模型训练和安全数据的信息,完成关键基础设施中人工智能使用风险评估等。

国会立法方面,2023 年 11 月,美国国会引入《2023 年人工智能研究、创新和问责制法案》,为"生成""高影响"和"关键影响"人工智能系统提供定义;系统"开发者"和"部署者"之间也进行明确区分;建立涵盖 GenAI 透明度披露、高影响力人工智能系统的透明度报告和日常监管、具有关键影响人工智能系统的风险管理评估和认证的问责框架。

但与欧盟不同,美国立法试图解决的仍是针对"高影响""关键影响"人工智能系统的"小范围"监管,而非全面、横向监管——承认政府有积极责任监管可能影响国家安全和关键基础设施的最强大的先进人工智能模型,并敦促联邦机构在人工智能可能侵犯美国公民的权利和自由时介入,①不影响或损害低风险系统自由发展。美国政府和国会在 GenAI 治理方面的积极参与,结合 OpenAI、微软、谷歌等头部企业开发的治理框架,为其对全球 GenAI 监管的国际影响力奠定基础。

---

① *The U. S. Plans to 'Lead the Way' on Global AI Policy*,https://www.lawfaremedia.org/article/the-u.s.-plans-to-lead-the-way-on-global-ai-policy,2024 年 2 月 5 日访问。

（二）欧盟及其成员国

1. 欧盟

欧盟一直走在人工智能立法研究和监管实践的前沿。2018年以来，欧盟就围绕人工智能治理陆续发布战略性、指引性文件，战略、指南、文件构成欧盟人工智能治理初期的重要形式，《欧洲人工智能战略》《可信人工智能伦理指南》《可信人工智能政策和投资建议》《人工智能白皮书》《关于推动人工智能发展的欧洲路径的交流》等政策文件相继发布，重点关注人工智能伦理安全、算法透明度、竞争秩序等方面。

除早期的人工智能治理探索外，欧盟近年来在人工智能法治方面最具典型性的立法是《人工智能法案》。该提案是全球范围内首部系统化规制人工智能的立法提案，率先制定一整套统一、覆盖全链条和全过程的人工智能治理体系，从安全、隐私、透明度以及非歧视等方面制定缜密规则，针对GenAI引入专门的透明度义务，试图继续维持欧盟规范"布鲁塞尔效应"。

具体来看，法案以风险为导向，针对的是人工智能应用而不是技术，并指出内在风险在于人工智能系统应用而不是技术本身。《人工智能法案》建立人工智能四级风险框架，重点针对高风险应用作出规制，并提出了较为完善的监管配套措施，为符合伦理的人工智能技术发展铺平道路。《人工智能法案》将人工智能应用风险分为四类，每种风险都由一套预定义的监管工具来管理。其中，被认为构成"不可接受风险"的应用（如社会评分和某些类型的生物识别技术）被禁止；对安全或基本权利构成"高风险"威胁的应用（如执法或招聘程序）须遵守特定的上市前后要求；被视为"有限风险"的应用（例如情绪检测）面临透明度要求；被归类为"低风险"的应用，只受制于自愿措施。

针对类GPTGenAI模型，《人工智能法案》引入"通用人工智能"条款，对类GPT通用人工智能的透明度等规定特别监管措施。根据《人工智能法案》，"通用人工智能模型"的定义是指"一个人工智能模型，包括在使用大量数据进行大规模自我监督训练时，无论该模型以何种方式投放市场，都显示出显著的通用性，能够胜任各种不同的任务，并可集成到各种下游系统或应用中"。通用人工智能模型的一般性透明度义务包括"披露生成内容来源、设计模型以防止生成非法内容、发布训练数据的版权保护情况摘要"等①。在原有四级风险标准之外，法案对通用人工智能模型的系统性风险认定标准进行明确和回应。以OpenAI的GPT-4和Google DeepMind的Gemini作为捕捉对象，目前认为使用总计算能力超过10～25次浮点运算训练的通用人工智能模型被认为具有系统性风险，因为使用更大计算能力训练的模型往往更强大。具有系统性风险的模型的提供者需要承担更多义务，进行风险评估和减轻风险，报告严重事件，进行尖端测试和模型评估，确保网络安全，并提供其模型的能源消耗信息，进一步厘清通用人工智能的特殊风险及基于风险区分义务的治理思路。

2024年1月，欧盟委员会发布《促进合法、安全和可信的人工智能系统发展和使用的战略愿景》。根据战略愿景，欧盟委员会拟采取的措施包括：(1) 建立和维护欧盟委员会使用的人工智能系统最新登记册；(2) 建立和维护一份现有人工智能倡议清单；(3) 为工作人员制定具体的业务准则；(4) 制定使用具体人工智能系统的指导方针；(5) 制定政策，建立和保持一支具备人工智能技能的工作人员队伍；(6) 为不同的工作群体规划可能的技能提升、再培训需求；(7) 制定变革管理和沟通框架，帮助工作人员引进人工智能系统；(8) 巩固和加强支持委员会数据成熟度的行动；(9) 为开发和使用人工智能建立灵活敏捷的方法；(10) 制定重新使用开源

---

① 《欧盟〈人工智能法案〉作出最新回应》，https://mp.weixin.qq.com/s/LExz5Jaqkbr8vwQDEDMAg，2024年3月15日访问。

人工智能的框架；(11) 促进知识共享，寻求与欧盟机构组织和欧盟成员国机构的合作机会。

可以说，欧盟始终积极关注人工智能治理实践，其目的不仅是为各成员国提供指导和约束，还期望影响全球相关法律和标准制定，进而强化欧盟人工智能技术发展的战略地位。

2. 法国

法国积极探索、支持创新并协助 GenAI 企业发展的监管措施，推动在创新和安全之间的平衡。

一是积极探索、支持创新并协助 GenAI 企业发展的监管措施。2023年12月，法国总统马克龙抨击了欧盟就《人工智能法案》达成的协议，称新法案可能会阻碍欧盟的技术创新。马克龙担心的是，像支撑 ChatGPT 这类 GenAI 的大模型在欧盟的发展可能会受阻。不仅是初创企业可能会受影响，包括法国空中客车以及德国西门子等成熟企业在 2023 年早些时候也表示过担忧，提出法规过于严格将无法促进创新。在法国，法国国家信息自由委员会（CNIL）承担了支持最具创新性的参与者遵守法规的任务，其通过与开发 GenAI 系统的法国企业开展深入对话，帮助那些在法国和欧洲价值观保护框架下发展壮大的人工智能创新者。CNIL 在 2023 年 5 月发布的《人工智能：CNIL 行动计划》中提出将开发人工智能系统审计和监控工具，为确保人工智能系统在尊重个人权利和自由的基础上创新发展提供合规支持。此外，法国大力推进开源 GenAI，将自身定位为欧洲人工智能中心。2023年，法国总统宣布投资 4000 万欧元用于通用人工智能项目，4000 万欧元用于开发法语数据库。

二是为了降低 GDPR 适用于 GenAI 治理的不确定性。法国重点关注 GenAI 治理与 GDPR 规范之间的有效衔接问题，并积极为协助 GenAI 生态系统的创新企业符合 GDPR 规范提供指导。例如，2022 年 4 月，CNIL 发布《面向人工智能的 GDPR 合规指南》，建立基于人权和基本价值观的人工智能监管框架。对于个人数据处理目的，指南要求区分基于机器学习的GenAI模型在开发和训练阶段与生产阶段的个人数据处理目的。若需将GenAI模型学习阶段所处理的数据沿用至生产阶段，需评估两阶段的数据处理目的是否不可分割、两阶段之间是否难以分开，并思考如何分配与处理相关方在两阶段的责任；对于数据最小化要求，指南要求严格遵循GDPR第9条的要求，并建议采取适当措施以确保数据安全，包括明确并清晰区分GenAI模型训练和运行所必需的数据类型、批判性地评估所需的数据类型与数量、应用数据假名化技术或数据过滤/混淆机制、建立并保留数据处理日志、评估数据处理风险、采用访问控制管理等；对于数据利用，指南要求防范与GenAI模型相关的风险，避免基于非法收集的数据训练GenAI模型，并对重复利用已经为其他目的所收集的数据，要求充分评估收集此类数据的合法性。

三是聚焦GenAI的发展对个人数据保护带来的挑战，并基于GenAI应用场景细化合规实施指导。《人工智能：CNIL行动计划》指出，法国不仅关注GenAI收集、处理数据中的数据保护问题，包括GenAI底层数据处理、数据抓取以及机器学习中的数据保护问题，还关注GenAI系统生成内容的数据问题，例如生成内容的偏见和歧视，同时基于GenAI应用场景提供更为精细化的合规实施指导。此外，CNIL于2022年已就技术人员如何正确训练人工智能发布部分指导文件，并将继续采取以下行动：就数据共享、重新利用的规则制定开展咨询；针对人工智能系统的设计、训练以及如何明确数据集构建实体之间的责任分配等问题开展研究并发布研究成果。同时，CNIL会格外关注通过处理个人数据来开发、训练或使用人工智能系统的机构是否开展数据保护影响评估，记录并采取措施降低风险；是否采取措施确保用户知晓个人数据使用情况；以及是否采取措施保障人权。

2024年2月，法国发布议会报告《生成式人工智能在个人数据保护和生成内容使用方面的挑战》[①]。报告认为,在监管框架方面,由于 GenAI 在很大程度上依赖利用个人数据进行算法训练,提出将 CNIL 定位为 GenAI 监管框架的核心,强化人力和技术资源保障,使其能够审计复杂算法,在厘清 CNIL 与视听和数字通信监管机构职责划分的同时加强合作治理。在立法方面,报告认为应建立健全强化 GenAI 监管的"立法储备库",例如要求对用于选举宣传的人工智能生成内容进行标记、严禁未经同意的深度伪造、建立观察站监测 GenAI 恶意使用、任命大使以捍卫法国在人工智能监管国际谈判中的立场。

3. 德国

2023 年 5 月,德国联邦数据保护和信息自由专员发布《关于 GenAI 的声明》,提出德国将采用基于风险的监管方式,对"通用人工智能"、"基础模型"等进行分类监管,避免监管盲区。

德国表示将在欧盟《人工智能法案》正式生效后,积极适用推广。在谈判过程中,德国担心《人工智能法案》对先进人工智能模型的监管将阻碍欧洲人工智能发展,为如何在促进创新与保障安全之间取得平衡进行辩论,致力于优化中小型企业监管措施、避免不成比例的合规要求等举措,最终达成可行的妥协。德国与法国、意大利达成的监管协议同样呼吁欧盟《人工智能法案》采用平衡、有利于创新和基于风险的连贯方法,减少创新公司行政负担,促进数字市场开放和竞争。

(三)中国

我国在 GenAI 治理过程中坚持发展和安全并重,促进创新和依法治理

---

① COMMISSION DES LOIS:LES DÉFIS DE L'INTELLIGENCE ARTIFICIELLE GÉNÉRATIVE EN MATIÈRE DE PROTECTION DES DONNÉES PERSONNELLES ET D'UTILISATION DU CONTENU GÉNÉRÉ,http://videos.assemblee-nationale.fr/video.14649160_65cc714e3134f.commission-des-lois--les-defis-de-l-intelligence-artificiative-en-matiere-de-protection-d-14-fevrier-2024,2024 年 3 月 16 日访问。

相结合的理念。2023年以来，我国积极探索构建"硬性规制"与"柔性伦理"并行的GenAI法治体系，趋向综合治理、精细治理。

一是积极推动立法，引导生成式人工智能服务合法合规发展。《人工智能法》列入《国务院2023年度立法工作计划》。《互联网信息服务深度合成管理规定》《生成式人工智能服务管理暂行办法》相继施行，多批深度合成服务算法大模型完成备案，点对点监管治理逐步落地。其中，国家网信办等七部门在2023年7月发布的《生成式人工智能服务管理暂行办法》是我国首个针对生成式人工智能的部门规章。《办法》明确国家坚持发展和安全并重、促进创新和依法治理相结合的原则，采取有效措施鼓励生成式人工智能创新发展，对生成式人工智能服务实行包容审慎和分类分级监管。此外，《网络安全法》《数据安全法》《个人信息保护法》等网络与数据安全法律法规在关涉生成式人工智能相关场景时同样适用。

二是加强科技伦理治理，探索发展生成式人工智能的基本伦理规范。《科技伦理审查办法（试行）》发布，要求从事相应科技活动的单位建立科技伦理（审查）委员会，加强对科技伦理高风险科技活动动态跟踪、风险评估和应急处置。

三是积极推动生成式人工智能标准研究与制定，通过标准化最佳实践应对生成式人工智能的数据安全、标注规范等热点。《网络安全标准实践指南——生成式人工智能服务内容标识方法》聚焦文本、图片、音频、视频四类生成内容给出内容标识方法，指导生成式人工智能服务提供者提高安全管理水平。TC260-003《生成式人工智能服务安全基本要求》着眼于语料安全和模型安全，并给出安全措施和安全评估要求。国家标准《网络安全技术 生成式人工智能服务安全基本要求》也已经正式立项，将为我国在国家标准层面规范生成式人工智能服务提出要求。

四是主动参与国际治理，共同应对人工智能风险。我国在第三届"一带一路"国际合作高峰论坛期间发布《全球人工智能治理倡议》，提出要坚持广泛参与、协商一致、循序渐进的原则，密切跟踪技术发展形势，开展风险评估和政策沟通，分享最佳操作实践。在此基础上，通过对话与合作，在充分尊重各国政策和实践差异性基础上，推动多利益攸关方积极参与，在国际人工智能治理领域形成广泛共识。同时，我国积极参与首届全球人工智能安全峰会，和与会国共同达成《布莱切利宣言》，这是全球首份针对人工智能这一新兴技术的国际性声明。2024年4月，《2024年中非互联网发展与合作论坛关于中非人工智能合作的主席声明》呼吁中非应加强在联合国等多边框架下的协调与合作，增强发展中国家在人工智能全球发展与治理中的代表性和发言权，支持联合国发挥主渠道作用，成立人工智能国际治理机构。

（四）其他国家

1. 英国

目前，英国在人工智能，包括GenAI监管领域并没有正式通过的专项立法。对人工智能的监管内容散见于其他法律法规中，对固有风险进行规制，不可避免地在某些新兴风险领域存在空白。最初，英国政府的侧重点在于保持人工智能技术的领先性，为人工智能产业发展提供相对自由的空间，更加偏重于出台产业促进类政策文件。2018年英国议会明确表态"现阶段对人工智能进行全面的监管是不合适的"。但由于人工智能技术潜在风险的不断衍生，英国政府开始注意到监管的必要性，并基于"去中心化"原则，在现有法律框架下提出可信人工智能、监管沙盒等举措，倾向于依靠现有监管机构实现对人工智能的规制，同时强调跨部门协作，确保在识别和防范化解潜在风险的同时，促进技术产业发展。英国于2023年3月宣布支持GenAI等创新发展的方针，并于11月举办国际人工智能安全峰会，为其全球领导地位奠定基础。同时，致力于协调宽松的监管政策和安全治理方面的关系，推动各国签署《布莱切利宣言》，启动英国人工智能安全研究所，并对前沿GenAI系统进行安全评估。

考虑到各界对GenAI潜在风险的担忧，英国政府提出"按比例监管"的原则和"以结果为导向"的方法，根据具体情况细分风险等级，监管机构以此平衡风险与收益。2023年3月，英国正式发布《支持创新的人工智能监管白皮书》。白皮书强调英国GenAI的未来监管重点有以下方面：第一，中央风险职能部门主动、严格监控与基础模型相关的风险，并确保创新与监管之间的平衡；第二，政府需要与研究机构密切合作，充分利用研究人员和其他利益相关者的专业知识，在这个不断发展的领域制定政策；第三，为基础模型的开发者和部署人员制定具体要求，如透明度要求，告知用户何时使用人工智能以及用于训练模型的数据；第四，建立生命周期问责制，为整个基础模型供应链参与者公正、合理地分配法律责任。然而，白皮书被工党批评为"自由放任"的方法，工党呼吁采取更具干预性的方法。

2023年4月，英国信息专员办公室（ICO）发布指南《GenAI：开发者和用户需要问的八个问题》。指南指出，若组织正在开发或使用处理个人数据的GenAI，需要首先回答以下问题：（1）处理个人数据的合法依据是什么？（2）自身是控制者、联合控制者还是处理者？（3）是否准备好开展数据保护影响评估？（4）将如何确保透明度？（5）将如何降低安全风险？（6）将如何限制不必要的处理？（7）将如何落实个人权利请求？（8）会使用GenAI来作出完全自动化的决策吗？

2023年11月，英国上议院一读通过《人工智能（监管）法案》草案，该法案标志英国朝着实质性人工智能监管迈出重要一步。《法案》将人工智能定义为"能够对设备或软件进行编程或训练的技术，以便：（1）通过使用数据感知环境；（2）使用旨在接近认知能力的自动处理方法解释数据；（3）提出建议、预测或决策，以期实现特定目标"。这一定义与其他人工智能定义有共同之处，即这些系统的目的是"提出建议或预测""以期实现特定目标"。该《法案》适用于对GenAI的监管。

《法案》旨在设立统一的人工智能监督管理局，明确人工智能监管原则。根据《法案》，人工智能管理局须遵守以下原则：（1）安全、可靠性和稳健性；（2）适当的透明度和可解释性；（3）公平性；（4）问责和治理；（5）申诉和纠正原则；（6）对个人或从事活动强加的与人工智能相关的负担或限制，应与其带来的好处相称，并考虑到所提供的服务或产品性质、对消费者和其他人的风险性质、实施成本是否与风险水平相称，以及负担或限制是否提升英国的国际竞争力。这些原则大多与欧盟《人工智能法案》中针对高风险人工智能系统或欧洲议会立场中针对所有人工智能系统的原则重叠。

此外，《法案》还分别为开发、部署或使用人工智能的企业和所有人工智能应用提供了另外两套原则。任何开发、部署或使用人工智能的企业应当保持：（1）公开透明；（2）进行安全测试；（3）遵守数据保护、隐私和知识产权等适用的法律法规。所有人工智能及其应用应当：（1）遵守法律法规；（2）进行包容性设计，在设计层面既不对个人进行非法歧视，也不使输入数据过程产生的非法歧视永久化；（3）满足来自较低社会经济阶层、老年人和残疾人的需求；（4）生成可查找、可访问、可互操作和可重复使用的数据。

2024 年 1 月，英国中央数字与数据办公室发布《英国政府 GenAI 框架》，指导英国政府公务人员和聘任人员安全可靠地使用 GenAI。

2024 年 2 月，英国科学、创新与科技部发布《人工智能监管的创新方法：政府的回应》，将功能强大的通用人工智能定义为"可执行各种任务、匹配或超过当今最先进模型能力的人工智能模型"，提出 5 项跨部门原则，有助于现有监管机构理解并推动负责任的 GenAI 创新，包括：安全、可靠和坚固原则，适当的透明度和可解释性原则，公平原则，问责制和治理原则，可质疑和补救原则。英国政府强调，现有监管框架主要由跨部门原则、行业监管、开发者自愿性治理措施组成；建立在蓬勃发展的 GenAI 产业和专家监管生态现有优势之上；重点是确保监管机构做好准备，迎接 GenAI 可能给其领域带来的新挑战和机遇；确保创新者能够安全、迅速地将新产品推向市场。一旦对风险的理解足够成熟，现有监管框架将采取立法行动。

2. 加拿大

加拿大是全球首个发布人工智能国家战略的国家，并且是最早提出人工智能监管立法的国家之一，希望构建平衡的综合性监管框架，在支持负责任创新、加拿大企业国际市场准入的同时，引入体系化安全义务规定。2022年6月，《人工智能与数据法案》（AIDA）作为《数字宪章实施法案》（C-27号法案）的重要组成部分进入加拿大议会审议程序。2023年AIDA稳步推进，加拿大政府8月发布AIDA立法介绍。总的来说，AIDA旨在确保加拿大的人工智能系统以安全和非歧视性的方式进行部署，促使企业对技术开发和使用方式负责。就GenAI治理而言，加拿大目前的治理模式呈现出以下特点。

一是尝试构建基于风险的回应式GenAI治理框架。例如，AIDA指出"高影响力"GenAI必须进行深入评估。基于风险管理思路，AIDA引入"高影响力系统（high-impact system）"的概念，重点针对"高影响力系统"设置监管要求。一般GenAI系统需要遵循的要求涉及"高影响力系统"评估、匿名化数据使用及处理记录留存，所有系统都需对自身是否属于"高影响力系统"进行评估。但何为"高影响力"仍有待于未来法规的界定。在《数字宪章实施法案》出台九个月后发布的立法配套文件中表明，如果其他制度已充分解决了某些技术问题，那么这些已经充分解决了的技术可能会被排除在"高影响力系统"的范围之外。

二是鼓励创新的灵活性监管方式。加拿大重点关注GenAI这一战略性技术为经济、社会赋能的巨大价值，从数据、安全监管入手开展相关立法，以推动GenAI成为本国数字化转型的核心驱动力量。2023年7月，加拿大网络安全中心（CCCS）发布《GenAI》使用指南，详细描述与GenAI相关的潜在风险和缓解措施。此外，为了确保GenAI系统的负责任设计、开发和部署，AIDA将为企业制定新的行为规范，确保GenAI系统在设计、开发、部署中的安全性、公平性。2023年9月，创新、科学与经济发展部发布《关于先进GenAI系统负责任开发和管理的自愿行为准则》，暂时为加拿大企业提供通用标准，使其能够自愿证明正在负责任开发使用GenAI，直到AIDA施行。

三是强调与国际法律框架的对接和互操作性。加拿大政府在 AIDA 的配套文件中指出，与其他司法管辖区法律框架的互操作性将是关键考虑因素，以便为加拿大企业进入国际市场提供便利。在此方面，加拿大与欧盟、美国采取了类似的方法，优先考虑基于权利的方法，重点关注透明度和问责制，并确保尽可能减轻人工智能使用的潜在危害。

总的来说，加拿大积极推出和建立一种平衡的人工智能监管框架，支持负责任的创新并确保加拿大企业的国际市场准入，同时也考虑中小企业的需求。对于企业来说，这意味着明确的规则可以帮助创新并充分发挥人工智能潜力。对于加拿大公民来说，这意味着使用的人工智能系统将是安全的，并且在开发时会考虑到公民的最大利益。同时，加拿大政府仍然积极参与有关人工智能治理的国际讨论，并与世界各地的合作伙伴推动合作，确保负责任开发和使用人工智能。

3. 新加坡

新加坡在网络安全领域秉持"预防常胜于治疗"的理念，以温和的方式塑造安全可信技术生态，政府表示不会采取一刀切、直接建立人工智能监管机构的方式监管 GenAI，而是希望技术以负责任、伦理以及符合国际规范的方式部署，坚持基于风险的监管。目前，新加坡未制定专门针对 GenAI 的立法①，而是采用自愿性"框架＋指南＋案例"方案，系统、深入地指导各类组织开展人工智能安全治理。新加坡 GenAI 治理总体呈现以下特点。

一是构建多元主体共同参与的 GenAI 治理生态。2023 年，新加坡资讯通信媒体发展局（IMDA）与 Aicadium（一家提供 AI 解决方案的公司）联合发布讨论文件《GenAI：对信任和治理的影响》，明确目标是构建安全可信的 GenAI 生态；2024 年 1 月，IMDA 就拟议的《GenAI 模型治理框架：培育可信生态》公开征求意见。认识到 GenAI 技术带来的诸多安全风险是

---

① AI-sia：*What's happening in Asia on AI？*，https://www.lexology.com/library/detail.aspx？g=640bae70-0958-4d6c-bbe6-5c6f0ca0f314，2024 年 3 月 5 日访问。

国际性的，新加坡积极参与人工智能安全治理国际合作，与美国 NIST 共同推进人工智能安全标准制定，与韩国和英国等签署关于人工智能技术发展与安全合作的谅解备忘录。在首届全球人工智能安全峰会上，新加坡作为与会国签署《布莱切利宣言》，总理李显龙介绍了新加坡基于风险的人工智能治理理念，强调多方利益相关者参与人工智能安全对话和合作的重要性。

二是强调符合伦理的 GenAI 治理模式。自 2018 年以来，新加坡政府致力于人工智能伦理治理探索，采用"框架＋指南＋案例"一整套方案，系统、深入地指导各类组织开展人工智能治理，以负责任的方式开发部署人工智能。2018 年，新加坡成立人工智能和数据道德使用咨询委员会，就组织使用人工智能数据驱动技术所引发的伦理、政策和治理问题向政府提供意见，并支持政府向企业提供通用指引，以尽量减少相关伦理、治理和可持续发展风险。2019 年，新加坡发布《人工智能治理模型框架》，并于 2020 年进行更新。框架以两个基本原则为指导，促进对人工智能的信任和理解，一是确保人工智能决策过程是可解释、透明、公平的，二是人工智能解决方案应当"以人为本"，保护人类福祉和安全是设计、开发和使用人工智能的首要考量。同期，新加坡发布《组织实施和自我评估指南》《人工智能治理案例汇编》，指导各类组织开发部署符合伦理的人工智能，展示不同行业、不同规模组织根据框架开展治理实践的优秀典型。国际层面，新加坡积极参与并推动制定《东盟人工智能治理与伦理指南》，重点关注人工智能负责任使用、虚假信息等人工智能犯罪风险防范化解等议题。

三是重视 GenAI 治理中的数据安全维度。新加坡尤其关注 GenAI 背景下的数据安全治理。2023 年 5 月，为应对类 ChatGPT、GenAI 带来的数据安全风险，新加坡通信和信息部宣布将根据《个人数据保护法》发布《在人工智能系统中使用个人数据的咨询指南》，支持 GenAI 技术负责任开发和部署。

四是强化责任,防止 GenAI 被用于犯罪活动。针对 GenAI 引致的信息安全风险,2019 年 10 月起施行的《防止网络虚假信息和网络操纵法》可适用于 GenAI 深度伪造的音视频,规定政府有权要求个人或平台更正、撤下对公共利益造成负面影响的虚假信息,不遵守指示的平台面临 100 万新元以下罚款,恶意传播虚假信息的个人面临 10 年以下监禁。此外,该法专门规定了针对"制作或改造用于传播虚假信息的机器人"的罚则,无论是在新加坡境内还是境外,个人都不得出于在新加坡传播虚假信息、使他人能通过机器人在新加坡传播虚假信息目的而制造、改造机器人,任何人违反即属犯罪,一经定罪,对个人处 3 万新元以下罚款或 3 年以下监禁,或两罚并施;对单位处 50 万新元以下罚款;若虚假信息传播可能影响总统和议员选举、公民投票结果,削弱公众对政府、国家机关信任,煽动不同群体之间敌意、仇恨,损害新加坡或新加坡任何地区安全的,对个人处 6 万新元以下罚款或 6 年以下监禁,或两罚并施;对单位处 100 万新元以下罚款。

2023 年 2 月起施行的《在线安全(杂项修正案)法》同样适用于 GenAI 生成的有害内容,规定社交媒体服务平台应遵循《在线安全行为准则》,建立专门系统和程序,减少新加坡用户接触鼓吹自杀、恐怖主义、儿童性剥削等有害内容的风险。2023 年 7 月,新加坡议会三读通过《网络刑事危害法案》,规定若主管当局确信网络服务是或极有可能是用于实施、协助网络犯罪活动,且新加坡人可使用该服务进行网络活动,则主管当局可将该服务认定为"与网络犯罪相关的网络服务";同时,主管当局可对该网络服务提供者发布行为守则,提供者必须采取所有合理可行措施遵守守则;若主管当局审查后认为提供者没有遵守守则要求,则可向提供者发出通知,要求其在规定时间内整改。《网络刑事危害法案》并不是新加坡立法者对新型网络犯罪活动简单的应激性反应,而是进行了体系性和统一性的整体顶层设计,以阻断网络犯罪生态为目标,充分发挥网络服务提供者在网络生态治理中的主观能动作用,引导网络服务提供者参与预防、共治新型网络犯罪,若正式通过未来有望适用于 GenAI 服务。

五是推动"以技治技",强调以技术防范 GenAI 安全风险。新加坡政府持续强化前瞻布局,发展 GenAI 安全治理技术、应用,探索利用 GenAI 技术防范 GenAI 安全风险,夯实 GenAI 治理生态的技术根基。

具体来说,合规评估层面,新加坡通信和信息部发布全球首个人工智能治理软件工具包"人工智能验证"(AI Verify),可根据透明度、可解释性、可重复性、安全性、稳健性、公平性、问责制等原则,通过标准化测试对人工智能模型进行技术性能测试并记录相关流程以备检查。人工智能验证于 2022 年 5 月发布国际试点,吸引了戴尔、IBM 等 50 多家本地和跨国公司的兴趣。当前,人工智能验证并非强制适用,而是自愿性质,旨在提高公众对人工智能产品的信任度、接受度,推广安全可信的人工智能技术。2023 年新加坡通过评估沙盒将该工具包拓展到 GenAI 领域。防范反制层面,新加坡网络安全局建议组织采用加密、防火墙等技术,定期进行安全评估,实施人工智能驱动的安全解决方案,如基于人工智能技术的网络安全威胁监测和响应系统,防范 GenAI 带来的网络安全威胁。

4. 澳大利亚

目前,澳大利亚尚未出台全面性法律或监管框架进行 GenAI 监管治理,主要通过 2019 年发布的《人工智能伦理框架》[①] 促进人工智能合乎伦理、包容性使用,提出八项人工智能原则,包括隐私保护、安全性、可靠性等。2023 年 6 月,澳大利亚工业、科学和资源部发布一份讨论文件《支持负责任的人工智能:讨论文件》[②]。文件强调,虽然人工智能在全球范围内的势头和使用率不断增加,并且该技术的新应用在一系列领域频繁出现,但是人工智能在澳大利亚的使用率相对较低,主要是由于公众和行业对技术本身缺乏信任和信心。因此,政府认为,为提高人工智能的使用率并建

---

① *Australia's Artificial Intelligence Ethics Framework*,https://www.industry.gov.au/publications/australias-artificial-intelligence-ethics-framework,2024 年 3 月 5 日访问。

② *Supporting responsible AI: discussion paper*,https://consult.industry.gov.au/supporting-responsible-ai,2024 年 3 月 5 日访问。

立公众对人工智能的信任，需要开发适合的人工智能监管框架，解决技术固有风险的同时，提供足够的灵活性以促进创新。

讨论文件提出的基础性问题是，澳大利亚应当采取集中式的专门立法的方法，还是分散式的基于部门的方法。文件指出，去中心化、基于部门的方法主要优势在于，允许特定部门根据人工智能给该部门带来的独特风险进行监管。然而，这种方法主要局限在于无法处理跨部门的通用人工智能。此外，这种方法的程序负担之一是需要进行差距分析，以确定部门监管领域之间的任何差距或缺陷。澳大利亚目前已在部分领域尝试采取去中心化方法监管人工智能，即澳大利亚总检察长对澳大利亚隐私制度进行的审查。总检察长建议修改《隐私法》，以专门考虑人工智能驱动的自动化决策背景下的隐私保护。然而，这种方法的固有局限性在于仅适用于《隐私法》，而不适用于一般情况。对于基于风险的集中式方法，文件指出，集中化方法将涉及引入一套针对人工智能的法规。虽然基于风险的方法将使政府和监管机构能够采取主动和预防性的方式来监管人工智能，但这种方法存在复杂性。首先，根据这种方法引入的监管是"通用"的，并且需要根据人工智能的风险水平进行分类，这意味着法规是"一刀切"，即没有考虑特定部门的风险状况或用例，又缺乏灵活性，可能会扼杀创新。此外，通用方法会增加人工智能特定法律与涉及人工智能技术的其他既有立法之间不一致的风险，可能会给市场带来最佳实践和合规要求程度的不确定性。但无论澳大利亚政府选择哪种方法，从讨论文件中可以清楚地看出，任何选定的框架都必须以促进而不是抑制创新的方式实施。

2024年1月，澳大利亚发布《安全和负责任的人工智能咨询：澳大利亚政府的临时回应》[①]，指出将在对GenAI等新技术进行针对性思考的基础上更新现有立法或制定新法。文件指出，第一，现有法律难以在人工智能造成伤害之前充分预防，且需要做更多工作确保伤害发生后的充分反应。

---

① *Safe and responsible AI in Australia consultation：Australian Government's interim response*，https://storage.googleapis.com/converlens-au-industry/industry/p/prj2452c8e24d7a400c72429/public_assets/safe-and-responsible-ai-in-australia-governments-interim-response.pdf，2024年3月5日访问。

政府已着手审查修订《隐私法》《2021年在线安全法》等法律，引入虚假信息治理相关新法，强化人工智能安全治理。第二，现有立法不足以防范在合法但高风险环境中部署 GenAI 等带来的危害，当人工智能在高风险环境中部署使用，危害难以逆转、消解。为此，政府将考虑通过立法手段，针对高风险人工智能开发部署提出强制性安全护栏要求和保障措施。第三，政府认识到需要制定前沿或通用模型开发、部署和使用相关的具体义务。为此，将继续与国际合作伙伴合作，构建人工智能产品全生命周期安全机制，允许符合条件的海外开发模型内置到澳大利亚应用程序。

2024年1月，澳大利亚网络安全中心与国际合作伙伴联合发布指南《与人工智能互动》，为组织安全使用 GenAI 等技术提供指导。

5. 新西兰

新西兰在人工智能方面的表现较为突出。2016年至2021年间，新西兰在人工智能相关招聘方面增长最快，位居世界第一[①]。2017年，新西兰在经合组织的"政府人工智能准备程度"方面排名第九[②]。治理方面，新西兰注重通过政策等软规范引导人工智能发展，同时积极开展人工智能技术研究并从世界各国的人工智能立法探索中受益。

到目前为止，新西兰还没有专门针对人工智能的法律，唯一针对人工智能的政策是《算法宪章》（Algorithm Charter），新西兰大多数政府机构已采纳《算法宪章》，这意味着机构同意在使用算法，特别是在设计公共服务的访问方面应用某些原则，但是《算法宪章》尚未涉及 GenAI 等新技术。新西兰总理首席科学顾问办公室在2023年7月的一篇社论中强烈呼吁对 GenAI 的使用进行监管，该社论强调现行法律不足以应对 GenAI 造成的

---

① *Institute for Human-Centered Artificial Intelligence* (2022), Palo Alto: Stanford University.

② *AI Forum New Zealand* (2019) *Towards Our Intelligence Future: an AI roadmap for New Zealand*, https://aiforum.org.nz/wp-content/uploads/2019/09/Towards-our-Intelligent-Future_v1.01.pdf.

潜在危害，并强调需要制定法规来管理 GenAI 的使用，以防止造成伤害，如放大现有的偏见和歧视。①

同时，新西兰将隐私和数据保护视为 GenAI 治理的关键环节。新西兰政府倾向于通过制定隐私和算法影响评估标准实践来加强数据治理，政府部门已经开展部分工作。例如，政府正在寻求建立数据伦理与创新中心。在 GenAI 方面，2023 年，新西兰隐私专员办公室发布《GenAI 指南》，表示 GenAI 同样受到《隐私法》的约束，并向使用 GenAI 的机构提出七项建议。具体建议包括：使用 GenAI 应当获得高层领导批准；审查使用 GenAI 是否必要和相称，是否可以采取替代方法；进行隐私影响评估；保持透明度；确保 GenAI 不会留存或披露个人信息或机密信息等。2023 年 9 月，隐私专员办公室发布《人工智能与信息隐私原则》，指出隐私是负责任使用 GenAI 的起点。

此外，新西兰通过人工智能论坛以及行业组织确保人工智能的负责任使用。商业、创新和就业部发布《建设数字国家》②和《战略科学投资基金2017—2024 年商业计划》③，提出建立新的新西兰人工智能论坛，推动多利益相关方参与治理。人工智能论坛是一个非营利组织。2020 年 3 月，论坛发布"新西兰值得信赖的人工智能：人工智能原则"，为新西兰人工智能的开发者和用户提供道德和法律指导。新西兰议会成立的首个跨党人工智能核心小组，将多党观点引入人工智能政策，促进政策过程中的跨党派合作。④ 国际方面，2020 年 6 月，新西兰与新加坡、智利签署《数字经济合

---

① *Office of the Prime Minister's Chief Science Advisor*, *Why is regulating AI such a challenge?* (Jul 13, 2023) https://www.pmcsa.ac.nz/2023/07/13/why-is-regulating-ai-such-a-challenge/.

② Ministry of Business, Innovation and Employment, Building a Digital Nation, Wellington: Ministry of Business Innovation and Employment (2017).

③ Ministry of Business, Innovation and Employment, Strategic Science Investment Fund: investment plan 2017-2024, Wellington: Ministry of Business Innovation and Employment (2016).

④ Peter Griffin, Our politicians need to wake up to the power of AI, Business Desk (May 4, 2023).

作伙伴协议》（DEPA），为数字贸易和人工智能等新兴问题制定新的规则和指导。[①] 2020年7月，新西兰与世界经济论坛第四次工业革命中心牵头开展一个多利益相关方、基于证据的政策项目，并合作制定路线图，指导政策制定者监管人工智能。路线图围绕三个重点领域：（1）通过包容性的全国对话获得使用人工智能的社会许可；（2）发展国家内部对人工智能的理解，以制定明智的政策；（3）有效缓解与人工智能系统相关的风险，以最大限度地发挥其效益。

6. 巴西

尽管巴西的GenAI制度和监管环境还处于萌芽阶段，但该国已成为南美洲GenAI监管的领导者。[②] 2023年5月，巴西充分借鉴欧盟《人工智能法案》，在巴西人工智能战略（EBIA）的基础上提出第2338/2023号法案《提供人工智能使用规则》，促进值得信赖和道德的人工智能。

第2338/2023号法案借鉴欧盟《人工智能法案》，采用基于风险的方法区分义务，同时遵循巴西从个人和集体权利角度构建监管的传统，将欧洲基于风险的方法与基于权利的方法融合在一起。（1）以主体权利为导向。法案提出受人工智能系统影响的主体权利，例如获得个人与人工智能系统交互的初步信息的权利；对人工智能系统的决定、建议或预测获得解释的权利；不受歧视和纠正歧视性偏见的权利；对人工智能系统作出的导致法律影响或其他重大影响的决定或预测提出异议的权利以及相关立法规定的隐私权和个人数据受到保护的权利。（2）人工智能系统的风险分类。法案提出三个风险级别：不被允许的过度风险、高风险以及非高风险。在部署或使用人工智能系统之前，人工智能提供商应当进行初步自我评估分析，

[①] https://www.mti.gov.sg/Trade/Digital-Economy-Agreements/The-Digital-Economy-Partnership-Agreement.

[②] Luca Belli, Yasmin Curzi & Walter B. Gaspar, AI regulation in Brazil: Advancements, flows, and need to learn from the data protection experience, 48 Computer Law & Security Review 105767 (2023).

划分风险等级并登记。如果系统被评估为高风险级别,还需要额外进行算法影响评估。(3)基于风险的治理方法。无论其风险级别如何,每个人工智能系统都必须实施包括透明度和安全措施等在内的治理结构。高风险人工智能系统还必须包括:记录系统若干特征的技术文档、日志存储器、可靠性测试、减少歧视性偏见的措施以及技术可解释性措施。

国内监管协调方面,巴西强调 GenAI 监管与数据保护之间的协调,主张国家数据保护局成为监管治理的关键机构。巴西正在探索实现第 2338/2023 号法案、LGPD 和 EBIA 的协调一致。2023 年 7 月,巴西国家数据保护局(ANPD)举办题为"人工智能监管与数据保护的相互作用"的网络研讨会,并发布对第 2338/2023 号法案的初步分析。ANPD 指出需要将任何即将出台的人工智能法规与现有数据保护制度相协调。由于 LGPD 下的数据保护规则与第 2338/2023 号法案中规定的规则密切相关,LGPD 为数据主体提供权利保障,包括人工智能系统处理个人数据的权利,从而将通用的数据保护规则扩展到人工智能系统的使用。因此,ANPD 已经采取了一系列措施,协调人工智能监管与数据保护。在初步分析文件中,ANPD 明确第 2338/2023 号法案和 LGPD 之间的共同点和冲突点,强调第 2338/2023 号法案必须详细说明人工智能沙盒中的个人数据保护相关问题,尤其是在高风险系统中,并建议 ANPD 应成为巴西人工智能监管的关键机构,特别是在处理个人数据的情况下,从而提高个人数据保护和人工智能监管之间的法律确定性和监管趋同性。

7. 日本

目前,日本没有专门针对 GenAI 的立法。在日本现有立法中,一般适用于人工智能的法律是《民法》《刑法》[①],以及特定利用场景(如人工

---

① Japan:Artificial Intelligence,https://www.legal500.com/guides/chapter/japan-artificial-intelligence/?_gl=1*1xpbxuf*_up*MQ..*_ga*MzExNzg4NDE4LjE3MDk5OTM2NDE.*_ga_JFNJC5V947*MTcxMDAwODQxMS4yLjAuMTcxMDAwODQxMS4wLjAuMA.。

智能开发、训练、生成、创作等）才会触发的法律，如《产品责任法》《著作权法》《个人信息保护法》等。日本针对人工智能的监管以各政府部门自行制定的政策性文件、指导性文件等为主，但这些文件有些是从人工智能开发者的角度出发，有些则是从使用者的角度出发，制定角度不一，且可持续性较差。过去，日本政府和执政的自民党有意避免对人工智能实施严格的法律规定。经济产业省2021年7月发布的《日本人工智能治理1.1版本》报告认为，日本目前不需要对人工智能系统制定具有法律约束力的法规。

但自2023年初以来，由于ChatGPT等大语言模型的引入以及模型引入的潜在风险逐渐暴露，日本"非监管、非约束力"的监管模式正面临重大转折。2023年以来，日本政府相继发布《OpenAI警报概述》《关于使用GenAI服务的提醒》《人工智能运营商指南（草案）》等非约束性指南。在国际层面，通过2023年5月在七国集团峰会上形成的"广岛人工智能进程"，日本率先推动《广岛进程先进人工智能系统开发组织国际指导原则》。

2024年2月，日本众议院参考美国《关于安全、可靠和值得信赖的人工智能开发和使用行政令》和头部GenAI公司的自愿承诺，制定公布《负责任的人工智能促进基本法案（暂定）》。法案聚焦于具有特别重大社会影响的类ChatGPT"先进人工智能模型"，要求先进人工智能模型开发者建立治理体系，包括第三方漏洞验证和模型基本信息披露，内容与2023年白宫宣布的七家头部GenAI公司的自愿承诺基本一致；《法案》提出构建公私合作"共同监管"模式，系统开发所需的具体标准（如红队测试的规模和数量、网络安全水平等）由商业协会等私营部门确定。此外，法案要求先进人工智能模型开发者应定期向政府（或人工智能安全研究所）报告系统开发的合规状况，政府将进行审查并在必要时公开，并提供指导和监督。

综上，通过引入适当的人工智能治理，法案的目标是最大限度降低人工智能安全风险并最大化经济收益①。

8. 韩国

韩国的人工智能政策以 2023 年 1 月发布的《人工智能和工业成熟度日常使用计划》和 2023 年 4 月发布的《超大规模人工智能竞争力提升战略》②为指导，促进 GenAI 等产业发展，缩小与美国和中国等世界上最先进人工智能领导者的差距。此外，2023 年人工智能综合性立法《促进人工智能产业和建立信任法案》稳步推进，规定任何人无需获得政府预先批准，即可开发新的人工智能技术，同时提出可靠性、透明度和安全性等原则性规定。

《促进人工智能产业和建立信任法案》解决的一个重要问题是确保高风险人工智能安全。《法案》确定的高风险领域包括能源、医疗保健行业、医疗器械、核设施、刑事调查或逮捕中的生物识别信息、用于判断和评估目的、对个人的权利和义务有重大影响的人工智能，例如雇用、贷款筛查、交通设施运行以及国家、地方政府、公共机构等用来作出影响公众决策、保护安全、健康的人工智能。《法案》规定，任何希望在这些高风险领域提供产品或服务的组织应向科学和信息通信技术部长确认其产品或服务是否属于高风险；提供者在经营产品和服务时，应当提前告知用户，并采取措施确保可靠性和安全性，包括风险管理、提供可靠性证明文件、用户保护措施等。但《法案》并未像欧盟等其他司法管辖区的人工智能法规中为用户提供拒绝使用、要求解释等与技术应用相关的权利。

---

① 《负责任的人工智能促进基本法案（暂定）》，https://note.com/akihisa_shiozaki/n/n4c126c27fd3d。

② *Competitiveness Enhancement Strategy for Hyper-scale AI（Summary）*，2024 年 2 月 19 日访问。https://www.msit.go.kr/eng/bbs/view.do?sCode=eng&mId=4&mPid=2&pageIndex=9&bbsSeqNo=42&nttSeqNo=809&searchOpt=ALL&searchTxt=，2024 年 2 月 16 日访问。

数据方面，韩国在数据供给与数据安全双线并行下促进人工智能安全发展。在训练数据供给方面，韩国致力于创建"数据坝"（Data Dam）解决公私部门从数据积累到数据使用的数据短缺问题。作为韩国2020年公布的"数字新政"（Digital New Deal）的一部分，科学和信息通信技术部与国家信息社会局于2021年合作启动、共同管理数据坝项目，并向8个重要行业发布了约170种高质量的人工智能训练数据类型。此外，《促进人工智能产业和建立信任法案》规定，科学和信息通信技术部长应建立并管理人工智能学习数据库，供私营企业使用。在数据安全方面，韩国持续关注GenAI带来的数据安全问题。2023年5月，韩国个人信息保护委员会（PIPC）宣布成立新的研究小组，旨在加强在数据处理时对数据主体生物识别信息的保护，特别是在GenAI方面。2023年8月，PIPC发布《人工智能时代个人信息安全使用指南》，在平衡降低隐私侵权风险与确保人工智能创新生态系统发展所必需的数据基础上，为如何在人工智能环境下解释和适用现行韩国《个人信息保护法》提供指引。2023年10月，PIPC正式设立专门负责人工智能相关隐私处理的人工智能隐私组，并试运行人工智能事前适当性审查制度，在人工智能等新服务和新技术推出前进行数据安全使用咨询。

除特别关注GenAI对数据的影响之外，韩国政府在《新增长战略4.0》（The New Growth Strategy 4.0）中表示，将建立GenAI学习数据并扩大人工智能券（AI voucher）支持范围，支持包括聊天机器人在内的创新GenAI服务的开发。政府计划到2026年推动人工智能主流化，并开发以人为本的人工智能。

二、GenAI国际治理

GenAI治理已经成为各国共同关注的全球性议题。2023年以来，联合国、经合组织、二十国集团、七国集团等国际组织在为各国治理指明方向、划定基本原则、警示安全风险、推动达成共识方面发挥重要作用。

（一）联合国

联合国在 GenAI 国际治理方面发挥着独特作用。基于尊重人权和维护法治的需要，联合国综合考虑 GenAI 对全球经济、社会、卫生、安全和文化等各领域影响，为 GenAI 治理提供坚实的基础和方向指引，呼吁为国际人工智能治理建立一个合乎道德、负责任的框架。

2021 年 11 月，教科文组织发布《人工智能伦理问题建议书》，明确指出人工智能技术本身不应获得法律人格，人工智能安全风险造成的侵害结果与法律责任必须始终由人类承担。2023 年 9 月，教科文组织发布《在教育和研究中使用 GenAI 的指南》，从生成内容、政策法规等方面分析 GenAI 可能带来的显性与隐性风险。① 2023 年 12 月，联合国人工智能咨询机构发布《以人为本的人工智能治理》，强调人工智能带来的风险和挑战，指出解决全球治理赤字需要明确的基本原则以及适应当前形势的新的职能和制度安排。同月，联合国成立人工智能高级别咨询机构，为国际社会加强对人工智能的治理提供支持②。该咨询机构的主要职能包括：（1）评估人工智能发展方向与影响；（2）以国际规范为基础促进全球治理互操作性；（3）制定和协调标准、安全和风险管理框架；（4）与多利益相关方合作促进人工智能开发、部署和使用；（5）促进人才培养和共享开源模型；（6）监测风险、报告事件和协调应急响应；（7）阐释规范，实现合规与问责。

---

① *Guidance for generative AI in education and research*，https：//www. unesco. org/en/articles/guidance-generative-ai-education-and-research，2024 年 2 月 16 日访问。
② 《联合国成立人工智能高级别咨询机构》，https：//www. most. gov. cn/gnwkjdt/202312/t20231208_189054. html，2024 年 2 月 16 日访问。

2024年3月，联合国第七十八届会议以协商一致的方式通过决议草案《抓住安全、可靠和值得信赖的人工智能系统带来的机遇，促进可持续发展》。草案强调，鼓励采取有效措施，促进创新，以便在人工智能系统的设计和开发期间以及在部署和使用之前，对脆弱性和风险采取具有国际互操作性的识别、分类、评估、测试、预防和缓解措施；加强对制定和实施有效保障措施的投资，包括实体安全、人工智能系统安全以及人工智能系统整个生命周期内的风险管理；在测试和评估系统时保障隐私和保护个人数据，并遵守相关国际、国家和国家以下各级法律框架中规定的透明度和报告要求，包括关于在人工智能系统整个生命周期内使用个人数据方面的要求等。

（二）经合组织

经济合作与发展组织（OECD）重视各国人工智能治理框架间互操作性差距，力求减少冲突性监管要求、为企业和个人提供政策可预测性和清晰性上发挥作用。2023年4月发布的《人工智能语言模型：技术、社会经济和政策考量》报告聚焦人工智能语言模型恶意开发、滥用等安全问题，提出人工智能语言模型发展需要遵循的五项原则：（1）造福人类和地球；（2）以人为本的价值观和公平性；（3）透明度和可解释性；（4）稳健性和安全性；（5）问责制。针对稳健性和安全性原则，OECD指出"人工智能系统在其整个生命周期中应当是稳健、可靠和安全的，以便在正常使用、可预见的使用、误用或其他不利条件下都能正常运行，不会构成不合理的安全风险。"人工智能语言模型应当重点关注恶意开发、模型滥用、个性化欺诈等数字安全问题。同时，OECD提出，建立证据基础可为有关人工智能语言模型安全性的讨论提供依据。OECD正在开发人工智能事件监测器，以实时识别新闻界从可靠来源报道的事件并开始建立证据基础，为讨论人工智能语言模型和其他人工智能技术的安全性提供信息。针对上述五项原则，OECD 对各国人工智能语言模型发展提出五项政策建议：（1）完善人工智能语言模型投资研发的技术标准、评估手段、训练和查询机制等；（2）培育完善的数字生态系统；（3）营造有利的政策环境；（4）培养具备新型数字能力的劳动力；（5）鼓励国际性、跨学科、多方利益相关者的合作交流[1]。

GenAI 方面，OECD 在人工智能观察站专设 GenAI 板块[2]；更新 OECD 人工智能定义，将"生成式"元素纳入其中，覆盖"针对显式或隐式的目标，根据接收到的输入推断如何生成影响物理或虚拟环境的输出，例如预测、内容、建议或决策[3]"。

（三）二十国集团

二十国集团（G20）强调负责任使用人工智能，加快包容性和可持续发展进程。2019 年发布的《G20 人工智能原则》提出人工智能使用和研发应尊重法律原则、人权和民主价值观，并确立五项发展人工智能的基本原则：（1）包容性增长、可持续发展和福祉；（2）以人为本的价值观和公平；（3）透明度和可解释性；（4）稳健性与安全性；（5）问责制。2023 年 9 月发布的《G20 新德里领导人宣言》强调应当弥合现有数字鸿沟，加快包容性和可持续发展进程，负责任使用人工智能。为确保负责任人工智能开发、部署和使用，必须解决人权保护、透明度和可解释性、公平、问责制、监管、安全、适当的人类监督、偏见、隐私和数据保护等问题。G20 重申 2019 年《G20 人工智能原则》，共享利用人工智能支持数字经济发展的方法，考虑与使用人工智能相关的风险并采取促进创新的监管、治理方式。

---

[1] 《人工智能语言模型》，https：//www.oecd.org/publications/ai-language-models-13d38f92-en.htm.

[2] OECD.AI，https：//oecd.ai/en/genai，2024 年 3 月 1 日访问。

[3] *OECD updates definition of Artificial Intelligence 'to inform EU's AI Act'*，https：//www.euractiv.com/section/artificial-intelligence/news/oecd-updates-definition-of-artificial-intelligence-to-inform-eus-ai-act/，2024 年 3 月 1 日访问。

（四）北大西洋公约组织

北大西洋公约组织关注全球国防安全环境下的人工智能安全。2021年10月，《北约人工智能战略》指出人工智能技术正在影响集体防御、危机管理和合作安全，必须保护和监控北约的人工智能技术和创新能力，解决安全政策考虑因素，例如负责任使用原则的实施。2023年2月，北约数据和人工智能审查委员会（DARB）召开会议，制定用户友好且负责任的人工智能认证标准以确保新的人工智能和数据项目符合国际法以及北约的规范和价值观。

（五）七国集团

七国集团（G7）注重识别、评估并降低人工智能全生命周期安全风险。2023年4月发布的《部长声明：G7数字与科技部长会议》强调管理人工智能等新兴技术使用应注重法治、程序正当、民主、尊重人权和利用创新机会，G7部长还批准一项行动计划，为负责任人工智能创新营造开放、有利环境。2023年10月，G7就《人工智能指导原则》《人工智能开发者自愿行为准则》达成一致，呼吁各组织在开发高级人工智能过程中，应当采取适当安全措施，监测投放市场后的滥用行为，识别、评估并降低人工智能全生命周期安全风险，实施负责任的信息共享和事件报告制度。

（六）东盟

东盟（ASEAN）注重构建人工智能风险评估机制，呼吁对人工智能被用于虚假信息、深度伪造等风险提高警惕。2023年10月，东盟就《人工智能伦理和治理指南》机密草案向Meta、IBM和谷歌等科技公司征求意见，旨在敦促各国政府通过研发资金援助企业，并成立东盟数字部长人工智能实施工作组；建议企业建立人工智能风险评估机制并组织人工智能治理培训，具体细节将留给企业和当地监管机构自主把控；对人工智能被用于虚假信息、深度伪造等风险进行警告，要求各成员国自主制定最佳应对方式。2024年2月发布的《人工智能治理和伦理指南》为人工智能全价值链上的个人、组织提供指导方针和建议，提出设立东盟人工智能治理工作组，针对GenAI引发的独特风险，调整现有框架和工具并制定基于共同责任框架的新指南，重点关注GenAI风险管理能力提升、生成内容与真实内容区分、开发人员系统设计和开发中的治理责任等议题[①]。

此外，东盟鼓励内部协作，推动跨法域人工智能监管框架的互操作性，尤其关注现有人工智能治理体系对GenAI独特风险的调适与差距。《东盟-日本友好合作共同愿景声明实施计划》提出制定人工智能合作备忘录，将东盟打造成一个以安全和具有变革性的数字服务、技术生态为动力的领先数字社区和经济体[②]。

[①] *ASEAN Guide on AI Governance and Ethics*，https：//asean.org/wp-content/uploads/2024/02/ASEAN-Guide-on-AI-Governance-and-Ethics_beautified_201223_v2.pdf，2024年3月12日访问。

[②] *Implementation Plan of the Joint Vision Statement on ASEAN-Japan Friendship and Cooperation*，https：//asean.org/wp-content/uploads/2023/12/Final-Implementation-Plan-of-the-ASEAN-Japan-Joint-Vision-Statement.pdf，2024年3月11日访问。

第四章　智能向善下的 GenAI 法治愿景

纵观 2023 年以来全球 GenAI 法治探索和实践，体现不同国家、地区基于各自价值追求和思维导向对 GenAI 技术特性、安全风险、监管挑战的理性回应，是对技术、对未来的敬畏。不论是协同性、动态性、分层性、伦理性、技术性结合的软硬法协同，对数据、算法和模型、供应链的重点治理，还是对智慧政府、智慧警务从原则到配套指引、政策与工具落地的应用治理，都体现法治逻辑下对"善治"的追求。

GenAI 法治向善的实质和发展方向不仅是对技术进行风险控制或限制，还是在对 GenAI 进行合理有效的社会关系界定的基础上，通过法律、伦理、标准、技术等的引导和控制，推动 GenAI 负责任发展和应用。GenAI 在一定的规则秩序中能够保障个人权益、产业发展与国家竞争力，最大化技术积极价值和意义，发挥颠覆性技术对生产结构性调整和社会发展方式转变的作用。在不确定的时代寻找确定性之锚，用"法治向善"塑造并推动智联社会下 GenAI"技术向善"。

一、凝聚 GenAI 法治之力，展现协同、包容底色

如果说 2023 年是各国熟悉 GenAI 风险、筑法治之基、积法治之势的一年，那么接下来将是各国行法治之力、推动大模型监管治理纵深发展、规则体系更加细化完善的一年。鉴于 GenAI 风险的复杂性、联动性，技术迭代的快速性，应用的泛化性，复杂产业链加剧的信息不对称性，"协同"将

成为 GenAI 法治的鲜明底色。各国有望从单一的以国家为中心、以命令和控制为核心的传统硬法规制走向多元主体参与，多元利益保障与动态平衡，协同性、包容性、凝聚力更加凸显的治理型监管范式。

一是法治主体多元协作。GenAI 本就是具有综合性、复杂性、前沿性的知识、智识与科学，需要立法者、监管者、研究者、技术者与产业者的交流与对话。GenAI 监管治理能力包括规则的制定能力（立法）和执行能力（执法）。就立法而言，让 GenAI 与法治兼容是一个新挑战，尤其是专门人工智能法的制定存在争议——关于制定新法的必要性，在 GenAI 等新技术场景下，若原有体系能解决大部分问题，则缺乏专门规制的必要性；关于法律规制的有效性，核心是法律对产业的管控或干预是否能真实、有效地达到基于监管必要性的风险治理目的；关于发展空间，结合国家技术与产业背景，应为大模型研发、应用留出发展的空间；关于立法的协调性，注重现有机制协调，如大模型评估和备案问题。立法者、监管者在法律制定中是不可或缺的一环，但也仅仅是一个环节，下一步，如何构建一个可行、渐进和包容的"立法议程"，引入企业、学界、技术专家、社会公众和政府部门等多利益相关方，遵循商谈逻辑和议题形成程序，就包含 GenAI 在内的人工智能法的步骤、议题和解决方案凝聚社会共识，强化对"人工智能充分性"的共同理解，是各国在未来法治探索中的关注重点。

就执法而言，监管与行业、公共利益与私人利益不再是简单二元对立，监管执法机构对自身监管 GenAI 的能力、资源、知识进行"差距分析"和优化尝试，将企业自治、行业治理融入监管，探索开放合作式的监管治理范式，提升监管规制的感知力、响应力和平衡力，在"智联社会"背景下有现实意义。此外，随着 GenAI 执法走向具体落地，监管的互操作性将成为各国重点关注。谁来监管？是统一监管还是分行业监管？这是大模型在内的人工智能治理要考虑的重要问题。在欧盟，《人工智能法案》的执行以及各个国家和欧盟当局之间的协调是一个核心争论点，最终欧盟委员会于

2024年1月宣布成立欧洲人工智能办公室，澳大利亚已构建跨部门数字平台监管论坛，加拿大即将设立人工智能和数据专员办公室。对我国而言，未来有望进一步聚焦GenAI监管重点、整合监管资源，朝着统筹协调方向努力。尤其是GenAI服务管理进入常态化后，如何进一步加强网信、发展改革、教育、科技、工业和信息化、公安、广播电视、新闻出版等部门的常态化协调，如何进一步强化算法安全评估与备案、分类分级监管、内容治理、数据处理及标注等制度衔接和程序协调。在更高的层面，是否会成立人工智能统筹协调机制，值得期待。

基于联合国《以人为本的人工智能治理》建议，未来GenAI治理将是普遍化、网络化，植根于多利益相关方的协作状态：首先，优先考虑不同成员国和利益相关方的普遍接受，更具包容性的参与度、针对性降低准入门槛将是协调新兴人工智能立法、避免问责差距的关键；其次，充分审查并发挥现有监管机构的职能，构建拥有横向协调和监督能力的组织机构；再次，可借鉴世界各地的优秀实践经验和专业知识，推动业界、学界、社会、政府协同共治。

二是法治规则多元协作。当下各国已然意识到GenAI作为治理对象的"不确定性"，在专门人工智能立法之外，有望强化非监管式、柔性、弹性治理，开发一系列轻量、灵活、以反馈为驱动的软法工具，包括自愿性承诺、原则、标准、伦理、指南等。

GenAI头部企业的自愿性协议将持续发挥作用。以英国、美国等为代表的国家主张，继续与主要公司就GenAI安全达成自愿性协议，不会"急于监管"，也不会实施可能无法充分平衡安全风险和技术创新的"错误措施"。自愿行动通常涵盖负责任的能力扩展、模型评估和红队测试、模型漏洞报告和信息共享、安全控制、生成内容标识、前沿人工智能安全风险研究、模型滥用的预防和监测、数据输入控制和审计等。这些自愿行动有助于监管机构测试并了解哪些干预措施是有效的，及时调整优化监管方法。但同时，各国已意识到，商业激励并不总是与公共利益一致，若GenAI等技术能力继续呈指数级增长，那么自愿措施将被认为与风险不相称，采取有约束力的监管措施保障公众安全。

GenAI 治理将进入"标准化"法治时代。技术标准融入法治，有助于推动刚性监管柔性化、灵活化，促进法律法规的模糊地带明晰化。无论是国家层面的英国标准协会、美国国家标准与技术研究院、中国网络安全标准化技术委员会，还是国际层面的国际标准化组织等机构，将聚焦语料安全、模型安全、供应链安全、风险与安全评估等议题推进标准制定与更新，用标准这支更为精确刻度的尺子具体指导 GenAI 治理，提升 GenAI 不同产品、技术、服务间的互操作性。

各国科技伦理治理有望强化，推动 GenAI 在互信互动中敏捷前行。GenAI 领域一个重要特点是通过伦理规正、协议签署、教育引导等柔性方式，对核心从业者和使用者建立一种由内而外的自我约束。伦理约束提供一条事实上的底线，各国法律和技术从业者需要做的是持续、深入讨论和测试这条基线的位置和描述方式。国际社会将持续探索契合 GenAI 属性的伦理标准，目前我国对 GenAI 这种颠覆性技术的科技伦理治理仍处于初步阶段，在《科技伦理审查办法（试行）》开始施行的背景下，如何完善 GenAI 伦理准则、规范及问责机制，如何健全 GenAI 与科技伦理的融合与动态协商机制，如何落地开展 GenAI 领域科技伦理审查和监管制度，如何强化对技术人员和公众的 GenAI 伦理教育，构建面向中国式现代化的 GenAI 科技伦理治理机制是重要议题。

伴随软硬法协同纵深发展，各国将逐步探索并完善对 GenAI 的硬性监管干预。关注的重点问题可能包括以下方面。第一，风险领域。未来针对 GenAI 的监管干预，应重点关注并解决哪些风险？第二，制度弹性。如何确保监管框架和措施对未来技术发展具有弹性？如何在提供监管确定性，推动负责任 GenAI 创新的同时，构建可适应技术快速发展的包容性制度？第三，监管环节和目标。监管机构应何时进行干预？应以哪些系统为目标？干预的门槛如何？现有透明度和问责框架的实际效果如何？

第四，义务设置。开发者应承担哪些义务？如何确保义务设置兼具灵活性、明确性？在什么阶段可能有必要暂停模型开发？第五，责任配置。是否需要更新民事、行政或刑事责任框架？如何与更广泛的 GenAI 生命周期问责联系起来？

三是法治运行方式多元协作。GenAI 法治的有效运行离不开科学立法、审慎包容执法、公正司法、依法自治等多种方式的协同运作。2023 年以来，全球主要国家和地区 GenAI 法治规则的建设过程经历了从无到有、从有到多的发展历程，针对 ChatGPT 的数据与隐私监管执法活动在各国掀起热潮，司法方面围绕模型训练、输出是否侵权以及 GenAI 生成物是否受知识产权保护多起诉讼相继提起。为更好地推进欧盟《人工智能法案》落地，欧盟委员会启动"人工智能协议"，鼓励和支持企业预测和提前规划该法规定的合规措施。美国《关于安全、可靠和值得信赖的人工智能开发和使用行政令》指示 50 多个联邦机构执行 100 多项具体行动，各机构已于 2024 年 1 月全部完成行政令指示的 90 日行动目标。我国网信办根据《互联网信息服务深度合成管理规定》《生成式人工智能服务管理暂行办法》已通过 546 项深度合成服务算法备案，包括百度 PLATO、讯飞星火认知、vivo 蓝心、有道子曰等大模型。如"法律的生命力在于实施，法律的权威也在于实施"所言，在下一阶段，美国、欧盟等针对 GenAI 的执法重点有望从数据与隐私保护向虚假信息治理、透明度和可解释性、供应链安全等方面进一步拓展。我国网信、公安等部门针对 GenAI 服务的执法重点将进一步清晰化、结构化。"生成式人工智能服务提供者未按规定开展训练数据处理活动""研发生成式人工智能技术未按规定开展数据标注""生成式人工智能服务提供者未明确并公开其服务的使用人群、场合、用途""生成式人工智能服务提供者不履行内容管理义务""生成式人工智能服务提供者不依法履行违法活动处置措施""生成式人工智能服务提供者未采取有效措施防范未成年人过度依赖或沉迷生成式人工智能服务"等可能成为《生成式人工智能服务管理暂行办法》执法关注点。

此外，相较于单一的政府监管，行业自律、社会共治更具灵活性和技术发展友好性。GenAI 行业企业如何通过技术、制度和组织工具建立起内部逻辑自洽、行之有效的自治机制，这一问题值得关注。

二、立良法以行善治，监管是为了行业更好地发展

如何平衡发展与安全、创新与责任、公益与私益、成本与收益等多重目标与任务之间的内在张力，是 GenAI 法治的关键问题，需慎重权衡，避免过度规制阻滞技术创新或规制不足导致技术滥用。GenAI 领域的竞争说到底是 GenAI 产业竞争优势的比拼。不论是欧盟《人工智能法案》还是美国《关于安全、可靠和值得信赖的人工智能开发和使用行政令》，其中都既有对 GenAI 的规范限制，也有保障 GenAI 创新发展的政策支持。

第一，针对未投放市场并且专用于科研的 GenAI，研发豁免是必要的。我们不能默认研发者为头部企业，个人也可能从事 GenAI 研发。研发豁免制度可减轻研发者负担，使其能专注于技术研发本身。此外，将有限度的开源豁免纳入考量，充分发挥开源模型的作用，在当下有其现实意义。就目前阶段而言，开源为创新提供了一条重要途径，任何人都可出于研究、商业等目的自由使用、修改代码和数据，这种协作过程有望提高开发速度、降低成本，并在可解释性、偏差、安全性、效率等方面取得进展。

第二，监管沙盒在 GenAI 监管领域的应用推广在当前很有价值，未来也有很大发展空间。2023 年以来，以欧盟国家、澳大利亚、新加坡等为代表的国家和地区探索构建了人工智能监管沙盒等创新友好型治理工具体系，允许参与式实验，为 GenAI 的创新与应用提供试错空间，并根据技术成熟度进行校准和调整。正如经合组织《人工智能领域监管沙盒报告》所指出的，监管沙盒是对现阶段人工智能法律和标准的适配度测试，未来要关注沙盒资格和测试标准的统一，在设置相关监管沙盒时要评估其对消费者、基本权利、创新以及竞争的影响；此外，作为监管实验规则的一种，监管

沙盒应与其他监管机制结合，而非孤立运行。在我国，《北京经济技术开发区关于加快打造AI原生产业创新高地的若干政策》提出，汇聚公共数据、社会数据等各类高质量数据资源，试点开展针对通用大模型合规训练的"监管沙盒"，促进自然语言、多模态、认知等超大规模智能模型创新研发。基于国际经验和国内需求，未来我国GenAI监管沙盒的应用，有望从促进信息技术产业负责任创新，进一步发展到监管规则优化调整、监管工具升级创新的层面。

第三，人工智能保险在GenAI行业的应用和探索值得期待。欧盟、美国已经开始对人工智能保险责任机制进行探讨，主张在新兴技术的潜在损害日益严重的背景下，针对高风险的新兴技术行业引入责任保险。哈佛法学院学者提出，保险可作为一种治理和监管工具，激励并引导受监管实体的行为，[①] 在推动GenAI更广泛地融入各行各业的同时，减轻其潜在损害。《欧洲议会关于欧盟委员会就人工智能民事责任制度建议的决议》呼吁针对高风险人工智能引入强制保险，建议欧盟委员会与保险业密切合作，开发能以可承受价格提供足够的承保范围的保单。下一步，各国是否会在GenAI法治中引入人工智能保险制度，保险业在现实中如何开发适于GenAI产品和服务的网络安全保险和第三方责任险等，这些问题值得关注。

第四，GenAI法治不仅需要关注技术本身的创新发展，还应将支撑技术发展的资源和促进型基础设施纳入考量。数据是GenAI的战略性资产，GenAI模型通常需要训练大量数据，模型参数动辄数十亿甚至上千亿。未来构建一致的数字基础设施和数据治理方法，关键在于促进高质量数据集的生产和获取。关于GenAI背景下的数字贸易，在"一带一路"倡议、OECD、RCEP等合作中，我国与各国强化合作，探索包容性GenAI数据流动路径的重要性凸显。算力是支撑GenAI发展的基础，GenAI模型训练过程需要大量的计算资源，包括CPU、GPU、TPU等处理器的资源。如

---

① Lior A. *Insuring AI: The role of insurance in artificial intelligence regulation* [J]. Harv. JL & Tech., 2021, 35: 467.

何建立健全算力资源的优化分配的基础机制、提升 GenAI 算力的利用效率等也将是各国的关注焦点。人是构建 GenAI 竞争力的根本，健全 GenAI 人才培养链，投资 GenAI 教育计划和劳动力发展计划，支持高校、研究机构对前沿大模型的访问，强化学界和业界间的合作等，是各国当下以及未来的重要关切。

第五，监管的国际互操作性、通用性将持续成为各国 GenAI 法治探索中的重要考量。各国已然意识到，在制定 AI 监管标准时，不仅要考虑国内适用，也要考虑其他国家的监管情况，通用可行的制度规范和产业标准有助于推动本土 GenAI 产业的创新发展。以加拿大《人工智能和数据法案（草案）》为例，该法案尤其注重监管标准的国际互操作性，引入了人类监督和监控、透明度、公平公正、安全性、可归责性、有效且稳健等与国际规范保持一致的原则和措施，旨在推动加拿大 GenAI 产业链上下游企业积极开展全球布局。

对我国而言，如何将对 GenAI 这一颠覆性技术的监管治理纳入技术研发、进入市场再到融入社会的发展全过程，充分发挥法治固根本、稳预期、利长远的重要保障作用，同时兼顾发展面向未来，统筹国内与国际治理，避免过度监管抑制产业创新，是我国现阶段 GenAI 服务治理的重点考量，也是未来人工智能立法要考虑的基本问题。我国在未来人工智能立法中需明确法的性质，是促进法、管理法、权利法，还是保护法。此外，在大国战略竞争回潮的背景下，美国及其盟国的出口管制重点正在从半导体技术、先进芯片制造设备向云计算服务、数据获取方面延伸。未来与 GenAI 算法、算力和数据相关的国际规则制定权和制度领导权也将成为各国争夺的焦点。在我国算力、数据等被"卡脖子"的情况下，如何赶上世界先进水平，以及如何让各行各业用上新技术、新工具，均要纳入立法决策的考量。

综上，不同国家、地区的 GenAI 法治有着不同的结构和要素，塑造了不同的法治形态，产生了不同的法治效应，形成了不同的生成、演进和发展逻辑。GenAI 的技术发展不会从根本上改变法治，但会改变法治状态；

法治不能从根本上改变技术发展，但可影响技术发展进程，塑造未来的产业生态、权力构造、价值分配。伴随各国GenAI法治进程加速推进，法治竞争的影响力日益提升，GenAI的法治路径选择是否与技术发展规律相契合，能否产生高质量治理效能、形成良法善治局面，也会影响各国在GenAI战略竞争中的成败。

三、面向产业生态链的治理，分类分级、动态管控

GenAI推动了人工智能即服务（AIaaS）、模型即服务等新业态发展。2023年以来，不论是欧盟、美国，还是澳大利亚、日本、新加坡等，都承认GenAI是一种复杂的关系，算力基础设施、基础模型和面向消费者的应用程序错综复杂地交织在一起；监管者应在深入了解GenAI产业分布和动态发展的基础上，尤其注重政策与GenAI的设计和使用之间的互动互通。GenAI治理是持续的，没有终点。伴随着各国对GenAI技术特性、产业生态链的感知更加深刻、清晰，人类有望推动算法模型分类分级制度的落地与完善，强化动态化、差异化管控，构建更加精细的供应链责任分配制度。

第一，算法、模型分类分级监管的制度安排与落地将成为重点。尽管欧盟、美国等主要国家和地区在GenAI监管方案的具体路径和内容上存在分歧，但其风险管控理念是共通的，即对GenAI采取基于风险的监管方法，重点关注高风险应用，引入分层但有限度的合规义务。关注GenAI在特定环境下的使用方式比监管特定GenAI技术更有效，这是因为风险水平多取决于GenAI应用的场景、行业和方式。一方面，对在合法但高风险的环境中部署应用的GenAI应强化事前规制已成为基本共识，其中的预防性干预措施主要是安全测试、透明度和人类监督，包括为高风险GenAI开发引入许可机制。另一方面，比例原则要求公权力行使具备适当性、必要性、均衡性，GenAI算法模型监管也不例外。未来，各国有望针对GenAI企业

规模大小和业务影响程度、不同应用行业、不同风险程度，推动算法模型分类分级制度的落地与完善，从而避免给企业、社区及监管者带来不必要或不成比例的负担。在总体监管框架方面，是选择构建全面、横向的分类分级管控体系，还是率先实行对高风险 GenAI 应用的摸底和"小范围"监管？是否应当放松对中小企业的管控？在风险等级测试方面，如何建立健全 GenAI 风险等级测试评估体系，是选择政府主导的 GenAI 风险评估监管体系，还是推进企业自评估或第三方专业机构评估？在分级分类标准方面，如何设定以本国国情为准的分级分类标准，确保安全的 GenAI 应用不会受到过度监管，危险的 GenAI 应用也不会失去足够监管？如何定义"高风险"，是否要将系统性、不可逆转性、永久性的影响等要素纳入考量，是否应由行业先进行分类分级摸索？在合规义务设置方面，如何根据不同的行业应用提出各有侧重的义务要求，是否应根据市场主体规模和业务影响程度予以动态调整？这些是我国未来人工智能立法及各国 GenAI 规制落地过程中亟需探讨且不可回避的问题。

第二，各国有望从针对 GenAI、深度合成等特定技术的监管趋向更加技术中立的包容性监管，或是探索设置动态清单使 GenAI 监管框架更具备可扩展性。以欧盟《人工智能法案》为例，对于高风险人工智能系统，采用"清单治理"和"动态管理"，对属于高风险人工智能系统的系统类型、领域进行列举，明确欧盟委员会可通过立法修订，从而增加、修改高风险人工智能系统的清单，并以全生命周期模式对高风险人工智能系统进行管理；对于具有系统性风险的通用人工智能，采用"动态阈值"界定标准，目前将阈值设定为 10^{25} 次浮点运算，这一阈值捕获了当前最先进的 GenAI 模型，可能包括 OpenAI 的 GPT-4 和 Google DeepMind 的 Gemini 模型，同时明确欧洲人工智能办公室可向上或向下动态调整阈值。从根本上讲，面对不断创新、迭代的 GenAI 技术、应用和服务，监管需要的是动态、发展的视角，而不是依赖于静态、僵化的治理方法。技术进步以及监管者对 GenAI 与社会之间互动的理解也将反映在各国 GenAI 监管实践中。

第三，伴随着GenAI带来的弥散性影响的紧密交织和叠加拓展，供应链安全风险防控能力建设的重要性凸显，供应链的安全评估、设计安全、安全反馈等将成为各国关注的重点。2024年1月，澳大利亚等11国联合发布《与人工智能互动》，重申《安全人工智能系统开发指南》的重要性，强调GenAI供应链安全评估有助于识别、管理风险，若组织参与训练GenAI模型，也应将基础训练数据和微调数据供应链纳入考量，防范数据中毒，确保数据和模型参数安全。在GenAI语境下，"设计安全"不仅意味着在选择内部开发还是使用外部组件时将供应链安全纳入考量，还意味着应将模型开发融入现有的安全开发和最佳实践中，关注系统开发生命周期风险管理、深度防御、建立漏洞标识等，并防范GenAI对抗性输入，注重保护底层系统和模型。此外，各国已意识到保持开放沟通渠道、获得GenAI安全反馈的重要性，鼓励安全研究人员研究、报告漏洞，如美国国防部等机构已相继开展"GenAI赏金计划"。

第四，针对GenAI产业生态链复杂阻滞责任的认定，如何构建更加精细、可行、明晰的归责体系是下一阶段各国监管的重要关切。现行法律法规通常将责任分配给链条中的末端参与者，但开发者、部署者、专业用户、个体用户、第三方服务提供商等多元主体形成了复杂的GenAI产业生态链，可能产生责任共享与重叠。一方面，厘清GenAI产业生态链的基础事实，包括不同主体及其相互联结的方式，摸清现有法律法规和监管机构在产业链中能够"触及"的程度，这些都是有效监管的前提；另一方面，在厘清基础事实的基础上，如何科学设计不同主体在GenAI设计、训练、优化、部署、应用等全生命周期的权利义务和归责体系，确保在损害发生时可问责，是各个国家和地区在未来法治探索中的共同关注。

四、GenAI技治融入法治，科技、人的因素更凸显

2023年以来，英国伦敦国王学院法学教授罗杰·布朗斯沃德提出的法

律 3.0 理论引发国内外学者关注。他认为，法律 1.0 用于调整特定事实情况，并在此框架中保持一定弹性，以适应新情况、新变化；法律 2.0 考虑为了促进社会发展和技术变革，赋予法律更强的政策导向和工具属性；法律 3.0 在拥抱新技术背景下，动态吸收新技术工具，推动监管治理变革。①传统法律的有效运行离不开科学的规则设计、合理的解释技术、对人类行为及社会系统的深刻把握，在法律 3.0 背景下，技术、习惯与法律都可以供给秩序，这在各国 GenAI 法治探索中体现得尤为明显。总体而言，GenAI 的技术之治融入法治，是"治理中的技术"与"治理中的人"结合的产物。

关于治理中的技术。2023 年以来，安全测试、价值对齐、隐私增强等技治方案逐步进入各国 GenAI 立法者的视野，大模型技术及产品评测相继展开。在此背景下，技术不再只是法律规制的对象，而是成为支持、补充 GenAI 法律规则的治理工具。展望未来，以下几个问题值得探讨。首先，技治方案的落地问题。各国立法中引入的安全测试、价值对齐、隐私增强等技治方案和体系在现实中如何落地和运转？各国政府是否能够借助这些技治方案来应对通用人工智能飞速发展和不断迭代的规模和能力？以安全测试为例，其包括系统发布前后的内部和外部测试、持续审计和性能监控、安全漏洞报告、安全最佳实践信息共享等要素，为确保其落地，需政府主导推进，制定配套的 GenAI 安全标准。其次，更多技治方案的融入问题。在智能化社会行为和社会关系逐渐成熟的基础上，智能合约、对抗生成网络、安全增强学习、检测与过滤等更多技治方案是否会融入法治，是否能够推动法治手段运用和法治机制运转更加技术化、智慧化？最后，技治方案的规制问题。技术治理嵌入、赋能 GenAI 法律治理的同时，法律治理也要嵌入、归化技术治理，下一步各国将如何利用法治手段来衡量、引导治理技术，推动实现向善的"技术法律化"？

---

① ［英］罗杰·布朗斯沃德：《法律 3.0 规则：规制和技术》，毛海栋译，北京大学出版社 2023 年版。

关于治理中人的因素。无论 GenAI 走多远，都不应忽视人的主体性、实践性。人的主体地位（主要是人类的利益和需求）是各个国家和地区将技术治理融入 GenAI 法治探索的基本立场、态度和出发点，也是针对 ChatGPT 等大模型开展执法的基本条件。以人为本，应当全面体现于 GenAI 立法、执法、司法、守法之中。一是人类监督和控制，不仅有助于尽早发现、修正系统错误和有害输出、决策，强化整体问责，也有助于提升输出、决策的透明度和可解释性。但强制要求人类监督和控制并非总是现实或可取的，下一步监管要考虑的关键问题包括：哪些阶段需要人类参与；如何厘清人机交互和分工之间的责任划分，包括开发人员在系统设计和开发中的治理责任等。二是用户反馈和优化，纳入反馈机制，鼓励最终用户和第三方在开发、测试和部署 GenAI 系统后，以循证方式发现并报告技术漏洞、滥用行为、安全事件，采用该方法已成为国际社会基本共识。三是人工智能素养培育，人工智能素养既是一种个人能够批判性评估 GenAI 等技术、与 GenAI 等进行有效沟通和协作的能力，也是一种能够将 GenAI 等作为工作或学习工具的能力。在智联社会中加强人工智能素养培育，以协同的姿态与 GenAI 共进也将成为各国法治的共同关注。

五、场景应用与治理深化，政府发挥引领示范作用

不区分场景探讨 GenAI 法治可能导致很多理论与实践问题。国际社会已意识到区分场景探讨 GenAI 法治、厘清各种关系脉络的重要性，未来金融、医疗、教育等行业有望进一步出台与落地配套规则。医疗行业对数据的隐私性、安全性要求较高，GenAI 医疗应用需谨慎考虑伦理和法律问题，意大利《医疗保健行业人工智能使用指南》、世界卫生组织《卫生领域人工智能的伦理与治理：多模态大模型指南》相继发布；金融行业高度依赖数据和算法，GenAI 金融应用广泛，如智能风控、量化交易、金融分析等，《面向行业的大规模预训练模型技术和应用评估方法第 1 部分：金融大模

型》成为我国首个金融行业大模型标准，未来更多标准、指南的出台值得期待；教育行业对公平性、公正性要求高，GenAI 可提供个性化学习体验，提高教学效率，但也可能导致伤害和偏见，尤其是加剧"数字鸿沟"，对此联合国教科文组织发布首份全球《在教育和研究中使用生成式人工智能的指南》。

关于 GenAI 的安全、负责任的应用，各国政府如何发挥引领示范作用值得期待。2023 年以来，多国政府已将注意力转向 GenAI，力求边学习边治理，美国、澳大利亚等最为典型。美国特殊竞争研究项目强调，"美国政府必须积极主动地将 GenAI 纳入日常工作，否则就有可能落后于地缘政治竞争对手，无法最大限度地为公民创造价值。美国政府的每个部门和机构都应尝试如何负责任地将 GenAI 工具纳入其任务集。政府工作的性质将涉及独特的要求和限制，但这不应成为无所作为的借口。GenAI 有能力提高政府能力，从行政任务到关键的军事行动，提高国家竞争力。"[①] 英国《人工智能监管的创新方法：政府的回应》提出，政府已承诺投入超过 1 亿英镑，用于发展监管机构的技术能力并培育人工智能创新，其中 1000 万英镑将用于启动监管机构的人工智能能力。澳大利亚也强调，政府应成为安全、负责任地使用 GenAI 等技术的典范。政府积极学习、理解和应用 GenAI，实际上是在为 GenAI 的安全性和质量背书，有助于减轻市场顾虑和消费者担忧，推动 GenAI 在多行业、多场景的部署，提升社会公众对技术的信任度、接受度。

对我国而言，利用 GenAI 等智能技术助推治理能力现代化是应有之义。在政府等公共部门使用 GenAI 开展治理亟须法律对这种权力的行使进行"再治理"，安全工作指南、透明度问责应成为规范政府合理使用 GenAI 的重要考量。

在智慧公安领域，通过在特定数据上进行监督微调、人类反馈等强化

---

① *Generative AI: The Future of Innovation Power*，https://www.scsp.ai/reports/gen-ai/，2024 年 2 月 4 日访问。

学习所构建的符合警务特性的大模型，凭借多媒体处理、智能关联和逻辑推理等优势，催化了警务创新动能。GPT-4在识别犯罪活动潜在热点，预测某些地区发生特定类型犯罪的可能性，监控社交媒体平台和在线论坛，分析大量数据并识别犯罪线索之间的关联，为面部识别软件提供底层算法和模型等方面的潜力已获得国际学界与业界关注。我国公安领域的人工智能大模型也在研发中，有望应用于案情智能分析、警情精准处置、行政处罚智能预测等，构建智慧警务"超级大脑"。展望未来，智慧公安发展一是应以问题为导向，明确执法需求。人工智能应用如何支持执法工作，人工智能参与的适当程度、阶段、环节如何，即哪些领域可以使用人工智能辅助功能，哪些领域禁止使用，其使用的限度是什么，都应在制度层面给予清晰回应。二是应平衡发展与安全，加大人工智能警务监管治理。将GenAI引入公安执法的过程中，平衡好国家安全、公共利益与个人权利的保护至关重要。例如，是否要在采购、部署或使用GenAI技术前实施风险评估，是否应以比例原则为指导构建严格的程序规范，对实施目的、适用情形、启动条件、持续时间、审批权限等作出规范设计等均要纳入考量。同时，注重网络与数据安全保护，加强公安智能化专业人才队伍建设，提升执法人员运用人工智能技术的技能与素养。

在智慧司法领域，GenAI大模型的应用有望凭借量刑预测实现类案类判等能力参与辅助审判。以提升智能化水平为主线，未来"智慧法院大脑"有望与智慧服务、智慧审判、智慧执行和智慧管理等业务应用系统进一步融合集成。同时，大模型结果的不可控性、模型幻觉、数据隐私安全、复杂任务处理能力、模型本地化私有部署、内容安全等存在的风险使得可信度问题将成为关键问题。展望未来，一是要对GenAI在司法中的应用建立正确预期。大模型辅助结果仅可作为审判工作或审判监督管理的参考，大模型不得代替法官裁判，在关键任务中应谨慎使用。二是完善规章制度和保护策略。《最高人民法院关于规范和加强人工智能司法应用的意见》对司法领域规范使用AI技术进行了明确，后续仍需基于该意见提出的制度要求，结合 GenAI 等技术发展特性与风险，完善、细化、落实管理规则和操作规程，切实引导 GenAI 在司法领域的应用。

在更广泛的社会层面，国有企业有望在 GenAI 等人工智能领域实现更好发展、发挥更大作用。自我国《关于 2023 年国民经济和社会发展计划执行情况与 2024 年国民经济和社会发展计划草案的报告》提出开展"人工智能＋"行动以来，国务院国资委召开"AI 赋能 产业焕新"中央企业人工智能专题推进会，强调中央企业要主动拥抱人工智能带来的深刻变革，把加快发展新一代人工智能摆在更加突出的位置。会上已有 10 家中央企业签订倡议书，表示将主动向社会开放人工智能应用场景。鉴于此，中央企业凭借政策支持及资源优势，在推动 GenAI 升级迭代、丰富 GenAI 应用场景、保障 GenAI 安全发展等方面将发挥重要作用。

六、国际治理重建信任，各方共识转化为务实成果

在 GenAI 领域，信任建立在社会对新技术、对人类美好未来的憧憬，并愿意为这种憧憬共同努力的基础之上。世界进入新的动荡变革期，但人类发展进步的大方向不会改变，世界历史曲折前进的大逻辑不会改变，国际社会命运与共的大趋势不会改变。GenAI 研发与应用具有很强的全球性特征，需要各方从不同的认知理解和期望需求中寻求共识和互信，推动智能向善，增进人类共同福祉。2023 年以来，多国签署《布莱切利宣言》，七国集团启动"广岛人工智能进程"并发布《人工智能国际指导原则》《人工智能开发者自愿行为准则》《人工智能进程综合政策框架》，东盟推进《人工智能治理和伦理指南》。我国《全球人工智能治理倡议》与之交相呼应，呼吁坚持以人为本、防止滥用、风险分级分类管理、坚持公平性和非歧视性原则，以及遵守国际法等。各国支持"有利于创新"和"适当"的 GenAI 监管，下一步重点议程包括两个方面：一是拓展对 GenAI 安全风险基于科学和证据的共同理解，在更广泛的全球背景下把握技术的泛化影响；

二是各国在适当情况下进行监管治理合作，包括但不限于强化对GenAI开发者的透明度要求，共同开发适当的评估指标、安全测试工具等。

2024年3月，联合国通过决议《抓住安全、可靠和值得信赖的人工智能系统带来的机遇，促进可持续发展》。唯有以诚相待、相向而行，才能夯实信任之基，收获更多合作之果。展望未来，各国如何健全GenAI国际合作治理对接机制，如何把治理共识转化为具体行动、把理念认同转化为务实成果，联合国人工智能高级别咨询机构、世界经济论坛人工智能治理联盟、金砖国家组织人工智能研究组等将有哪些成果输出和实际影响，值得期待。

附录一：生成式人工智能法治关键术语

1. 美国

本部分对美国《关于安全、可靠和值得信赖的人工智能开发和使用的行政令》中生成式人工智能法治相关术语进行翻译梳理。①

术语	原文释义	中文释义
artificial intelligence 人工智能	A machine-based system that can, for a given set of human-defined objectives, make predictions, recommendations, or decisions influencing real or virtual environments. Artificial intelligence systems use machine- and human-based inputs to perceive real and virtual environments; abstract such perceptions into models through analysis in an automated manner; and use model inference to formulate options for information or action.	一种可以针对给定的一组人类定义的目标，作出影响真实或虚拟环境的预测、建议或决策的机械式系统。人工智能系统使用基于机械和人类的输入来感知真实和虚拟环境；通过以自动化方式进行分析，将这种感知抽象为模型；并使用模型推理来传递信息或行动选择

---

① *Executive Order on the Safe, Secure, and Trustworthy Development and Use of Artificial Intelligence*, https://www.whitehouse.gov/briefing-room/presidential-actions/2023/10/30/executive-order-on-the-safe-secure-and-trustworthy-development-and-use-of-artificial-intelligence/，2024 年 3 月 28 日访问。

续表

术语	原文释义	中文释义
AI system 人工智能系统	any data system, software, hardware, application, tool, or utility that operates in whole or in part using AI.	全部或部分利用人工智能运行的任何数据系统、软件、硬件、应用程序、工具或实用程序
generative AI 生成式人工智能	the class of AI models that emulate the structure and characteristics of input data in order to generate derived synthetic content. This can include images, videos, audio, text, and other digital content.	指模拟输入数据的结构和特征以生成衍生合成内容的人工智能模型。其生成内容可以包括图像、视频、音频、文本和其他数字内容
dual-use foundation model 两用基础模型	an AI model that is trained on broad data; generally uses self-supervision; contains at least tens of billions of parameters; is applicable across a wide range of contexts; and that exhibits, or could be easily modified to exhibit, high levels of performance at tasks that pose a serious risk to security, national economic security, national public health or safety, or any combination of those matters, such as by: （ⅰ）substantially lowering the barrier of entry for non-experts to design, synthesize, acquire, or use chemical, biological, radiological, or nuclear (CBRN) weapons; （ⅱ）enabling powerful offensive cyber operations through automated vulnerability discovery and exploitation against a wide range of potential targets of cyber attacks; or （ⅲ）permitting the evasion of human control or oversight through means of deception or obfuscation. Models meet this definition even if they are provided to end users with technical safeguards that attempt to prevent users from taking advantage of the relevant unsafe capabilities.	基于广泛数据训练的人工智能模型，通常使用自我监督；包含至少数百亿个参数；可适用于广泛的环境，以及在对安全、国家经济安全、全国公共健康或安全，或此类事项的任何组合造成重大风险的任务中，发挥或可以很容易地调整为能发挥重要作用，例如：（ⅰ）大幅降低非专家设计、合成、获取或使用化学、生物、放射性或核武器的准入门槛；（ⅱ）通过发现和利用大范围网络攻击潜在目标的自动漏洞，实施强大的进攻性网络行动；或（ⅲ）允许通过欺骗或混淆手段逃避人类控制或监督。即使模型已经向最终用户提供了技术保障防止用户利用相关不安全功能，该模型也符合上述定义

续表

术语	原文释义	中文释义
AI model 人工智能模型	a component of an information system that implements AI technology and uses computational, statistical, or machine-learning techniques to produce outputs from a given set of inputs.	一个实施人工智能技术并利用计算、统计或机器学习技术，根据输入的一组给定信息生成输出的信息系统组件
AI red-teaming 人工智能红队	a structured testing effort to find flaws and vulnerabilities in an AI system, often in a controlled environment and in collaboration with developers of AI. Artificial Intelligence red-teaming is most often performed by dedicated "red teams" that adopt adversarial methods to identify flaws and vulnerabilities, such as harmful or discriminatory outputs from an AI system, unforeseen or undesirable system behaviors, limitations, or potential risks associated with the misuse of the system.	一种结构化的测试工作，旨在发现人工智能系统中的缺陷和漏洞，通常是在受控的环境中，并与人工智能开发人员合作。人工智能红队功能最常由专门的"红队"执行，他们采用对抗性方法识别缺陷和漏洞，比如来自人工智能系统的有害或歧视性输出、不可预见或不良的系统行为、限制或与系统滥用相关的潜在风险
crime forecasting 犯罪预测	the use of analytical techniques to attempt to predict future crimes or crime-related information. It can include machine-generated predictions that use algorithms to analyze large volumes of data, as well as other forecasts that are generated without machines and based on statistics, such as historical crime statistics.	利用分析技术尝试预测未来的犯罪行为或与犯罪行为有关的信息。可以包括利用算法分析大数据的机器生成预测，以及在无机器辅助的情况下基于历史犯罪统计数据等统计数据生成的其他预测
floating-point operation 浮点运算	any mathematical operation or assignment involving floating-point numbers, which are a subset of the real numbers typically represented on computers by an integer of fixed precision scaled by an integer exponent of a fixed base.	指涉及浮点数的任何数学运算或赋值，浮点数是实数的子集，通常在计算机上由固定精度的整数表示，该整数按固定基数的整数指数缩放

续表

术语	原文释义	中文释义
synthetic content 合成内容	information, such as images, videos, audio clips, and text, that has been significantly modified or generated by algorithms, including by AI.	指经过算法（包括人工智能）明显修改或生成的信息，如图像、视频、音频片段和文本
testbed 试验台	a facility or mechanism equipped for conducting rigorous, transparent, and replicable testing of tools and technologies, including AI and PETs, to help evaluate the functionality, usability, and performance of those tools or technologies.	一种用于对包括人工智能和隐私增强技术在（PETs）内的工具和技术进行严格、透明和可复制的测试，以评估这些工具或技术的功能、可用性和性能的设施或机制
watermarking 水印	the act of embedding information, which is typically difficult to remove, into outputs created by AI including into outputs such as photos, videos, audio clips, or text for the purposes of verifying the authenticity of the output or the identity or characteristics of its provenance, modifications, or conveyance.	将通常难以删除的信息嵌入照片、视频、音频片段或文本等人工智能创建的输出中，以验证输出的真实性，或其来源、修改或传输的身份或特征的行为

2. 欧盟

本部分对欧盟《人工智能法案》中生成式人工智能法治相关术语进行翻译梳理。①

---

① *Artificial Intelligence Act*，https：//data.consilium.europa.eu/doc/document/ST-5662-2024-INIT/en/pdf，2024 年 3 月 28 日访问。

术语	原文释义	中文释义
AI system 人工智能 系统	A machine-based system designed to operate with varying levels of autonomy and that may exhibit adaptiveness after deployment and that, for explicit or implicit objectives, infers, from the input it receives, how to generate outputs such as predictions, content, recommendations, or decisions that can influence physical or virtual environments.	一种基于机器的系统，设计为以不同程度的自主性运行，在部署后可能表现出适应性，并且为了明确或隐含的目标，从其接收的输入中推断如何生成可影响物理或虚拟环境的输出，如预测、内容、建议或决定
general purpose AI system 通用目的 人工智能系统	An AI system which is based on a general purpose AI model, that has the capability to serve a variety of purposes, both for direct use as well as for integration in other AI systems.	以通用目的人工智能模型为基础的人工智能系统，该系统具有服务于各种目的的能力，既可直接使用，也可集成到其他人工智能系统中
general purpose AI model 通用目的 人工智能 模型	An AI model, including when trained with a large amount of data using self-supervision at scale, that displays significant generality and is capable to competently perform a wide range of distinct tasks regardless of the way the model is placed on the market and that can be integrated into a variety of downstream systems or applications. This does not cover AI models that are used before release on the market for research, development and prototyping activities.	一个人工智能模型，包括在使用大量数据进行大规模自我监督训练时，无论以何种方式投放市场，都显示出显著的通用性，能胜任各种不同的任务，并可集成到各种下游系统或应用。 这不包括在投放市场前用于研究、开发和原型设计活动的人工智能模型

续表

术语	原文释义	中文释义
'high-impact capabilities' in general purpose AI models 通用目的人工智能模型中的高影响能力模型	Capabilities that match or exceed the capabilities recorded in the most advanced general purpose AI models.	与最先进的通用人工智能模型中记录的能力相匹配，或超过这些能力的能力
systemic risk at Union level 欧盟层面的系统性风险	A risk that is specific to the high-impact capabilities of general-purpose AI models, having a significant impact on the internal market due to its reach, and with actual or reasonably foreseeable negative effects on public health, safety, public security, fundamental rights, or the society as a whole, that can be propagated at scale across the value chain.	通用人工智能模型的高影响能力所特有的风险，因其影响范围广泛而对欧盟内部市场产生重大影响，并对公众健康、安全、公共安全、基本权利或整个社会产生实际或可合理预见的负面影响，可在整个价值链中大规模传播
floating-point operation 浮点运算	Any mathematical operation or assignment involving floating-point numbers, which are a subset of the real numbers typically represented on computers by an integer of fixed precision scaled by an integer exponent of a fixed base.	涉及浮点数的任何数学运算或赋值，浮点数是实数的一个子集，在计算机上通常以固定精度的整数表示，并以固定基数的整数指数加以缩放
downstream provider 下游提供者	A provider of an AI system, including a general purpose AI system, which integrates an AI model, regardless of whether the model is provided by themselves and vertically integrated or provided by another entity based on contractual relations.	集成了人工智能模型的人工智能系统，包括通用人工智能系统的提供者，无论该模型是由其自身提供并进行垂直整合，还是由其他实体基于合同关系而提供

续表

术语	原文释义	中文释义
risk 风险	The combination of the probability of an occurrence of harm and the severity of that harm.	发生危害的可能性和危害的严重性的组合
provider 提供者	A natural or legal person, public authority, agency or other body that develops an AI system or a general purpose AI model or that has an AI system or a general purpose AI model developed and places them on the market or puts the system into service under its own name or trademark, whether for payment or free of charge.	开发人工智能系统或通用人工智能模型，或已开发人工智能系统或通用人工智能模型，并将其投放市场，或以自己的名义或商标投入使用的自然人或法人、公共机关、机构或其他团体，无论有偿还是无偿
deployer 部署者	Any natural or legal person, public authority, agency or other body using an AI system under its authority except where the AI system is used in the course of a personal non-professional activity.	在其授权下使用人工智能系统的任何自然人或法人、公共机关、机构或其他团体，但在个人非职业活动中使用人工智能系统的情况除外
authorised representative 授权代表	Any natural or legal person located or established in the Union who has received and accepted a written mandate from a provider of an AI system or a general-purpose AI model to, respectively, perform and carry out on its behalf the obligations and procedures established by this Regulation.	位于或设立在欧盟的任何自然人或法人，他们接受了人工智能系统或通用人工智能模型提供者的书面授权，分别代表其履行和执行本条例规定的义务和程序
impoter 进口者	Any natural or legal person located or established in the Union that places on the market an AI system that bears the name or trademark of a natural or legal person established outside the Union.	位于或设立于欧盟的任何自然人或法人，将带有在欧盟以外设立的自然人或法人的名称或商标的人工智能系统投放市场

续表

术语	原文释义	中文释义
distributer 分销者	Any natural or legal person in the supply chain, other than the provider or the importer, that makes an AI system available on the Union market.	供应链中除提供者或进口者之外，在欧盟市场上提供人工智能系统的任何自然人或法人
operator 经营者	The provider, the product manufacturer, the deployer, the authorised representative, the importer or the distributor.	提供者、产品制造商、部署者、授权代表、进口者或分销者
placing on the market 投放市场	The first making available of an AI system or a general purpose AI model on the Union market.	在欧盟市场上首次提供人工智能系统或通用人工智能模型
making available on the market 在市场上提供	Any supply of an AI system or a general purpose AI model for distribution or use on the Union market in the course of a commercial activity, whether in return for payment or free of charge.	在商业活动中提供人工智能系统或通用人工智能模型，供在联盟市场上销售或使用，无论有偿还是无偿
putting into service 投入使用	The supply of an AI system for first use directly to the deployer or for own use in the Union for its intended purpose.	将人工智能系统直接提供给部署者首次使用，或供其在联盟内按预定目的自用
intended purpose 预期目的	The use for which an AI system is intended by the provider, including the specific context and conditions of use, as specified in the information supplied by the provider in the instructions for use, promotional or sales materials and statements, as well as in the technical documentation.	提供者在使用说明、宣传或销售材料和声明，以及技术文件中提供的信息所规定的人工智能系统的预期用途，包括具体的使用环境和条件

续表

术语	原文释义	中文释义
reasonably foreseeable misuse 可合理预见的误用	The use of an AI system in a way that is not in accordance with its intended purpose, but which may result from reasonably foreseeable human behaviour or interaction with other systems, including other AI systems.	人工智能系统的使用方式与其预期目的不符，但可能是由可合理预见的人类行为或与其他系统，包括其他人工智能系统的互动造成的
safety component of a product or system 产品或系统的安全组件	A component of a product or of a system which fulfils a safety function for that product or system, or the failure or malfunctioning of which endangers the health and safety of persons or property.	产品或系统的一个组件，该组件对该产品或系统具有安全功能，或其故障或失灵危及人或财产的健康和安全
instructions for use 使用说明	The information provided by the provider to inform the user of in particular an AI system's intended purpose and proper use.	提供者特别为告知用户人工智能系统的预期目的和正确使用而提供的信息
recall of an AI system 召回人工智能系统	Any measure aimed at achieving the return to the provider or taking it out of service or disabling the use of an AI system made available to deployers.	任何旨在实现向提供者返还或使其停止服务或禁止使用提供给部署者的人工智能系统的措施
withdrawal of an AI system 撤回人工智能系统	Any measure aimed at preventing an AI system in the supply chain being made available on the market.	任何旨在阻止供应链中的人工智能系统在市场上销售的措施
performane of an AI system 人工智能系统的性能	The ability of an AI system to achieve its intended purpose.	人工智能系统实现其预期目的的能力

续表

术语	原文释义	中文释义
conformity assessment body 合格性评估机构	A body that performs third-party conformity assessment activities, including testing, certification and inspection.	进行第三方合格性评估活动的机构,包括测试、认证和检验
substantial modification 实质性修改	A change to the AI system after its placing on the market or putting into service which is not foreseen or planned in the initial conformity assessment by the provider and as a result of which the compliance of the AI system with the requirements set out in Title Ⅲ, Chapter 2 of this Regulation is affected or results in a modification to the intended purpose for which the AI system has been assessed.	人工智能系统在投放市场或投入使用后发生的修改,这种修改在提供者最初的合格性评估中没有预见到或没有计划,并因此影响人工智能系统符合本条例第三编第二章规定的要求,或导致人工智能系统被评估的预期目的发生修改
post-market monitoring system 入市后监测系统	All activities carried out by providers of AI systems to collect and review experience gained from the use of AI systems they place on the market or put into service for the purpose of identifying any need to immediately apply any necessary corrective or preventive actions.	人工智能系统提供者为收集和审查从使用其投放市场或投入使用的人工智能系统中获得的经验而开展的所有活动,目的是确定是否需要立即采取任何必要的纠正或预防措施
training data 训练数据	Data used for training an AI system through fitting its learnable parameters.	通过拟合可学习的参数来训练人工智能系统的数据

续表

术语	原文释义	中文释义
validation data 验证数据	Data used for providing an evaluation of the trained AI system and for tuning its non-learnable parameters and its learning process, among other things, in order to prevent underfitting or overfitting; whereas the validation dataset is a separate dataset or part of the training dataset, either as a fixed or variable split.	用于对经过训练的人工智能系统进行评估，调整其不可学习参数和学习过程等的数据，以防止欠拟合或过拟合；验证数据集可以是一个单独的数据集，也可以是训练数据集的一部分，以固定或可变的方式加以切分
testing data 测试数据	Data used for providing an independent evaluation of the AI system in order to confirm the expected performance of that system before its placing on the market or putting into service.	用于对人工智能系统进行独立评估的数据，以确认该系统在投放市场或投入使用前的预期性能
input data 输入数据	Data provided to or directly acquired by an AI system on the basis of which the system produces an output.	提供给人工智能系统或由人工智能系统直接获取的数据，系统根据这些数据产生输出
biometric data 生物识别数据	Personal data resulting from specific technical processing relating to the physical, physiological or behavioural characteristics of a natural person, such as facial images or dactyloscopic data.	与自然人的身体、生理或行为特征有关的由特定技术处理所产生的个人数据，如面部图像或指纹数据
sensitive operational data 敏感业务数据	Operational data related to activities of prevention, detection, investigation and prosecution of criminal offences, the disclosure of which can jeopardise the integrity of criminal proceedings.	与预防、侦查、调查和起诉刑事犯罪活动有关的业务数据，披露这些数据会损害刑事诉讼的完整性

续表

术语	原文释义	中文释义
emotion recognition system 情感识别系统	An AI system for the purpose of identifying or inferring emotions or intentions of natural persons on the basis of their biometric data.	根据自然人的生物识别数据,识别或推断其情感或意图的人工智能系统
biometric categorisation system 生物识别分类系统	An AI system for the purpose of assigning natural persons to specific categories on the basis of their biometric data unless ancillary to another commercial service and strictly necessary for objective technical reasons.	根据自然人的生物识别数据,将其归入特定类别的人工智能系统,除非该系统附属于另一项商业服务,且因客观技术原因而严格必要
remote biometric identification system 远程生物识别系统	An AI system for the purpose of identifying natural persons, without their active involvement, typically at a distance through the comparison of a person's biometric data with the biometric data contained in a reference database.	一种人工智能系统,其目的是在没有自然人主动参与的情况下,通常通过将一个人的生物识别数据与参考数据库中的生物识别数据进行比较,远距离识别自然人的身份
'real-time' remote biometric identification system "实时"远程生物识别系统	A remote biometric identification system whereby the capturing of biometric data, the comparison and the identification all occur without a significant delay. This comprises not only instant identification, but also limited short delays in order to avoid circumvention.	一种远程生物鉴别系统,在该系统中,生物识别数据的采集、比较和识别都是在没有明显延迟的情况下进行的。这不仅包括即时识别,还包括有限的短暂延迟,以避免规避本条例

续表

术语	原文释义	中文释义
"post" remote biometric identification system "事后"远程生物识别系统	A remote biometric identification system other than a 'real-time' remote biometric identification system.	"实时"远程生物识别系统之外的远程生物识别系统
law enforcement 执法	Activities carried out by law enforcement authorities or on their behalf for the prevention, investigation, detection or prosecution of criminal offences or the execution of criminal penalties, including the safeguarding against and the prevention of threats to public security.	执法机关或代表执法机关为预防、调查、侦查或起诉刑事犯罪或执行刑罚而开展的活动,包括保障和预防对公共安全的威胁
AI regulatory sandbox 人工智能监管沙盒	A concrete and controlled framework set up by a competent authority which offers providers or prospective providers of AI systems the possibility to develop, train, validate and test, where appropriate in real world conditions, an innovative AI system, pursuant to a sandbox plan for a limited time under regulatory supervision.	由主管机关建立的一个具体和受控的框架,为人工智能系统的提供者或潜在提供者提供在监管监督下根据沙盒计划在有限的时间内开发、培训、验证和测试创新人工智能系统的可能性
AI literacy 人工智能素养	Skills, knowledge and understanding that allows providers, users and affected persons, taking into account their respective rights and obligations in the context of this Regulation, to make an informed deployment of AI systems, as well as to gain awareness about the opportunities and risks of AI and possible harm it can cause.	技能、知识和理解,使提供者、使用者和受影响者在考虑到各自在本条例中的权利和义务的情况下,能够在知情的情况下部署人工智能系统,并认识到人工智能的机遇和风险以及可能造成的损害

续表

术语	原文释义	中文释义
deep fake 深度伪造	AI generated or manipulated image, audio or video content that resembles existing persons, objects, places or other entities or events and would falsely appear to a person to be authentic or truthful.	由人工智能生成或操纵的图像、音频或视频内容，这些内容与现有的人员、物体、地点或其他实体或事件相似，会让人误以为是实在的或真实的

3. 英国

本部分对英国《人工智能监管的创新方法：政府的回应》中生成式人工智能法治相关术语进行翻译梳理。①

术语	原文释义	中文释义
Artificial General Intelligence (AGI) 通用人工智能	A theoretical form of advanced AI that would have capabilities that compare to or exceed humans across most economically valuable work. A number of AI companies have publicly stated their aim to build AGI and believe it may be achievable within the next twenty years. Other experts believe we may not build AGI for many decades, if ever.	一种高级人工智能的理论形式，在最具经济价值的工作中具有与人类相媲美或超过人类的能力。许多人工智能公司已公开表示目标是建立 AGI，并相信 AGI 可能在未来 20 年内实现。其他专家则认为，可能在几十年内都无法建立真正的 AGI
foundation models 基础模型	Machine learning models trained on very large amounts of data that can be adapted to a wide range of tasks.	在大量数据上训练的机器学习模型，可以适应各种任务

---

① *A pro-innovation approach to AI regulation: government response*，https://www.gov.uk/government/consultations/ai-regulation-a-pro-innovation-approach-policy-proposals/outcome/a-pro-innovation-approach-to-ai-regulation-government-response，2024 年 3 月 28 日访问。

续表

术语	原文释义	中文释义
AI agents 人工智能代理	Autonomous AI systems that perform multiple sequential steps (sometimes including actions like browsing the internet, sending emails, or sending instructions to physical equipment) to try and complete a high-level task or goal.	自主人工智能系统,可执行多个连续步骤(有时包括浏览互联网、发送电子邮件或向物理设备发送指令等操作),以尝试完成高级任务或目标
AI deployers 人工智能部署者	Any individual or organisation that supplies or uses an AI application to provide a product or service to an end user.	提供或使用人工智能应用程序,向最终用户提供产品或服务的任何个人或组织
AI developers 人工智能开发人员	Organisations or individuals who design, build, train, adapt, or combine AI models and applications.	设计、构建、训练、调整或组合人工智能模型和应用程序的组织或个人
AI end user 人工智能最终用户	Any intended or actual individual or organisation that uses or consumes an AI-based product or service as it is deployed.	在部署时使用或消费基于人工智能的产品或服务的任何预期的或实际的个人或组织
AI life cycle 人工智能生命周期	All events and processes that relate to an AI system's lifespan, from inception to decommissioning, including its design, research, training, development, deployment, integration, operation, maintenance, sale, use, and governance.	与人工智能系统生命周期相关的所有事件和流程,从开始到退役,包括其设计、研究、培训、开发、部署、集成、运营、维护、销售、使用和治理
AI risks 人工智能风险	The potential negative or harmful outcomes arising from the development or deployment of AI systems.	人工智能系统的开发或部署所产生的潜在负面或有害后果

续表

术语	原文释义	中文释义
adaptivity 适应性	The ability to see patterns and make decisions in ways not directly envisioned by human programmers.	以人类程序员无法直接设想的方式识别模式并作出决策的能力
alignment 一致性	The process of ensuring an AI system's goals and behaviours are in line with human values and intentions.	确保人工智能系统的目标和行为符合人类价值观和意图的过程
Application Programming Interface (API) 应用程序编程接口	A set of rules and protocols that enables integration and communication between AI systems and other software applications.	一组规则和协议,用于实现人工智能系统与其他软件应用程序之间的集成和通信
autonomous 自主	capable of operating, taking actions, or making decisions without the express intent or oversight of a human.	能够在没有人类明确意图或监督的情况下操作、采取行动或作出决策
capabilities 能力	The range of tasks or functions that an AI system can perform and the proficiency with which it can perform them.	人工智能系统可以执行的任务或功能的范围,以及它可以执行这些任务或功能的熟练程度
compute 计算	Computational processing power, including Central Processing Units (CPUs), Graphics Processing Units (GPUs), and other hardware, used to run AI models and algorithms.	计算处理能力,包括中央处理器(CPU)、图形处理单元(GPU)和其他硬件,用于运行人工智能模型和算法
developers of highly capable general-purpose systems 高性能通用系统的开发人员	A subsection of AI developers, these organisations invest large amounts of resource into designing, building, and pre-training the most capable AI foundation models. These models can underpin a wide range of AI applications and may be deployed directly or adapted by downstream AI developers.	作为人工智能开发人员的一部分,这些组织投入大量资源来设计、构建和预训练功能最强大的人工智能基础模型。这些模型可以支持广泛的人工智能应用程序,可以直接部署或由下游人工智能开发人员进行调整

续表

术语	原文释义	中文释义
disinformation 虚假信息	Deliberately false information spread with the intent to deceive or mislead.	故意传播虚假信息，意图欺骗或误导
frontier AI 前沿人工智能	For the AI Safety Summit, we defined frontier AI as models that can perform a wide variety of tasks and match or exceed the capabilities present in today's most advanced models.	在人工智能安全峰会上，我们将前沿人工智能定义为可以执行各种任务并匹配或超过当今最先进模型中功能的模型
misinformation 错误信息	Incorrect or misleading information spread without harmful intent.	传播不正确或误导性的信息，没有恶意
safety and security 安全保障	The protection, wellbeing, and autonomy of civil society and the population. Safety is often used to describe prevention of or protection against AI related harms. AI security refers to protecting AI systems from technical interference such as cyber-attacks.	民间社会和民众的保护、福祉和自主权。安全性通常用于描述预防或防止与人工智能相关的危害。人工智能保护是指保护人工智能系统免受网络攻击等技术干扰
superhuman performance 超人表现	When an AI model demonstrates capabilities that exceed human ability benchmarking for a specific task or activity.	人工智能模型展示的能力超过特定任务或活动的人类能力基准时的表现
highly capable general-purpose AI 功能强大的通用人工智能	Foundation models that can perform a wide variety of tasks and match or exceed the capabilities present in today's most advanced models. Generally, such models will span from novice through to expert capabilities with some even showing superhuman performance across a range of tasks.	可以执行各种任务并匹配或超过当今最先进模型中功能的基础模型。一般来说，这些模型将涵盖从新手到专家的能力，有些甚至在一系列任务中表现出超人的表现

续表

术语	原文释义	中文释义
highly capable narrow AI 功能强大的窄人工智能	Foundation models that can perform a narrow set of tasks, normally within a specific field such as biology, with capabilities that match or exceed those present in today's most advanced models. Generally, such models will demonstrate super-human abilities on these narrow tasks or domains.	通常在特定领域（如生物学）内执行一组狭窄的任务的基础模型，其功能与当今最先进的模型中的能力相匹配或超过该模型。通常，此类模型将在这些狭窄的任务或领域中展示超人的能力
agentic AI or AI agents 代理人工智能或人工智能代理	An emerging subset of AI technologies that can competently complete tasks over long timeframes and with multiple steps. These systems can use tools such as coding environments, the internet, and narrow AI models to complete tasks.	人工智能技术的一个新兴子集，可以在长时间内通过多个步骤胜任任务。这些系统可以使用编码环境、互联网和窄人工智能模型等工具来完成任务

附录二：美国发布《关于安全、稳定和可信的人工智能行政令》并开展后续行动

2023年10月，美国总统拜登发布具有里程碑意义的《关于安全、可靠和值得信赖的开发和使用人工智能行政令》，确保美国在发挥人工智能潜力和管控人工智能风险方面起到带头作用。行政令指示各政府部门采取全面行动，加强人工智能安全和保障、保护民众隐私、促进公平和公民权利、维护消费者和工人利益、促进创新和竞争、提升美国在世界的领导地位等。

2024年1月，各联邦机构报告称，已全部完成行政令指示的90日行动目标，并有效推进行政令指示的其他长期行动目标。这些行动标志着美国在推动实现行政令的使命方面取得重大进展，保护美国民众免受人工智能系统带来的潜在风险，促进人工智能等领域技术创新。[①]

一、管控安全风险和威胁

行政令指示在90日内采取一系列行动以解决目前人工智能对美国安全带来的最大威胁，包括为最强大人工智能系统（Most Powerful AI Sys-

---

[①] *Fact Sheet: Biden-Harris Administration Announces Key AI Actions Following President Biden's Landmark Executive Order*, https://www.whitehouse.gov/briefing-room/statements-releases/2024/01/29/fact-sheet-biden-harris-administration-announces-key-ai-actions-following-president-bidens-landmark-executive-order/，2024年3月28日访问。

tems）的开发者设定关键披露要求，评估人工智能对关键基础设施带来的风险，打击外国行为者恶意开发人工智能。

为管控人工智能安全风险，各联邦机构已落实下列举措。

（1）基于《国防生产法》授权，强制最强大人工智能系统的开发者向美国商务部报告重要信息，尤其是人工智能安全测试结果。开发者必须分享有关最强大人工智能系统的信息，报告训练这些系统的大型计算集群。

（2）提出一项拟议规则《采取额外措施应对与重大恶意网络行为相关的国家紧急状态》，强制为外国人工智能模型训练提供算力支持的美国云服务厂商报告交易信息。若该拟议规则最终确定，商务部将要求美国云服务厂商在外国客户进行最强大人工智能模型训练（可能用于恶意活动）时向政府提交警报。

（3）完成人工智能在各关键基础设施领域使用情况的风险评估。美国国防部、交通部、财政部、卫生与公众服务部等 9 个联邦机构已向国土安全部提交风险评估结果。这些评估将作为联邦政府采取下一步行动的基础，确保美国在将人工智能安全融入电网等社会重要领域的能力方面处于领先地位。

二、推动人工智能向善创新

为把握人工智能的巨大潜能并巩固美国在人工智能创新领域的领先地位，《行政令》指示加大人工智能创新投资并采取新措施吸引、培训人工智能专业人才。在过去 90 日内，各联邦机构已落实下列举措。

（1）启动国家人工智能研究资源试点，推动广泛创新和竞争以及更加公平的人工智能研究资源获取。试点由美国国家科学基金会（NSF）管理，是美国向研究人员和学生提供算力、数据、软件、开源和专有人工智能模型相关的国家基础设施以及其他人工智能训练资源迈出的第一步。资源来自 11 个联邦机构合作伙伴和 25 个私营企业、非营利组织和慈善合作伙伴。

（2）发起人工智能人才计划，加大联邦政府人工智能专业人才招聘力度，大规模招聘数据科学家。《行政令》规定，由人工智能和技术人才特别工作组牵头负责人才招聘行动，结合其他关键举措，优化人工智能人才招聘。人事管理办公室授予联邦机构较为灵活的人工智能人才雇佣权限，包括直接雇用权限和例外服务权限。总统创新研究员、美国数字军团和美国数字服务项目等政府技术人才计划将在 2024 年扩大高优先级人工智能项目中专业人才招聘规模。

（3）启动人工智能教育计划，资助教育工作者在 K-12 到本科教育阶段提供高质量、包容性的人工智能教育机会。计划有助于落实《行政令》对美国国家科学基金会的要求，即优先考虑人工智能劳动力发展，这对于推进未来美国人工智能创新并确保所有美国人都能从人工智能创造的机会中受益至关重要。

（4）宣布资助新的区域创新引擎，重点推进人工智能发展。通过两年多的 1500 万美元初始投资和未来十年内高达 1.6 亿美元的投资，皮德蒙特三叠纪再生医学引擎将利用世界上最大的再生医学集群，创建并扩展利用人工智能技术等的突破性临床疗法。此项行动遵循行政令中要求国家科学基金会在 150 日内资助并启动以人工智能为重点的创新引擎的指示。

（5）卫生与公众服务部成立了人工智能工作组，负责制定人工智能政策，提供监管确定性并促进医疗领域人工智能创新。工作组将开发评估人工智能的工具和框架，以促进药物开发、加强公共健康、改善医疗服务。工作组已协调各方发布指导原则用于解决医疗算法中种族偏见问题，下表总结各联邦机构为落实《行政令》指示已经完成的行动。

各联邦机构已完成行动

行动	联邦机构	期限要求	完成度
通过技术现代化基金（Technology Modernization Fund）评估各机构采用人工智能时确定优先级的方法	技术现代化委员会	30天	完成
指示非传统和新兴交通技术理事会来评估人工智能指导和技术援助的需求	交通部	30天	完成
报告可纳入国家人工智能研究资源试点的联邦机构资源	国家科学基金会认定的机构	45天	完成
确定扩大联邦机构人工智能人才储备的优先领域以及扩张招聘的途径	科技和政策办公室＆管理和预算办公室	45天	完成
创建人工智能和技术人才特别工作组	白宫幕僚长办公室	45天	完成
发起人工智能人才计划，加快联邦政府范围内招聘人工智能专业人才的速度，包括大规模招聘数据科学家	与人工智能和科技人才特别工作组合作的机构	45天	完成
发布关于是否修订不需要永久劳工证书计划A工作类型清单的信息请求	劳工部	45天	完成
召集跨机构理事会来协调联邦机构对人工智能的使用	管理和预算办公室	60天	完成
审查联邦机构雇佣人工智能专业人才的必要性并授予其灵活权限，包括直接雇用权限和例外服务权限	人事管理办公室	60天	完成
依据《国防生产法》授权，强制最强大人工智能系统开发者报告重要信息，特别是人工智能安全测试结果	商务部	90日	完成

续表

行动	联邦机构	期限要求	完成度
提出一项拟议规则《采取额外措施应对与重大恶意网络行为相关的国家紧急状态》，强制为外国人工智能模型训练提供算力支持的美国云服务厂商报告交易信息	商务部	90日	完成
完成人工智能在所有关键基础设施领域使用情况的风险评估	行业风险管理机构	90日	完成
启动国家人工智能研究资源试点	国家科学基金会	90日	完成
简化签证处理程序，包括更新和扩大面试豁免权限	国务院	90日	完成
成立人工智能工作组，负责制定人工智能政策，提供监管确定性并促进医疗领域人工智能创新	卫生与公众服务部	90日	完成
召集联邦机构民权办公室讨论人工智能与民事权利的交叉问题	司法部	90日	完成
指示主要联邦咨询委员会就人工智能和交通问题提供建议	交通部	90日	完成
发起一项联合招聘行动，通过让某些申请人只需一份申请即可申请多个机构的职位，以加速联邦政府人工智能人才招聘	人事管理办公室	90日	完成
发布在联邦政府采购产品和服务的安全授权中，优先考虑生成式人工智能技术的框架草案	总务管理局	90日	完成
宣布资助新的区域创新引擎，重点推进人工智能发展	国家科学基金会	150天	完成
发布信息请求，要求说明联邦机构的隐私影响，评估如何更有效地减轻隐私风险，包括因人工智能以及其他技术和数据能力的进步而加剧的风险	管理和预算办公室	180天	完成
设立一个办公室，协调整个机构的人工智能和其他关键新兴技术的开发	能源部	180天	完成

续表

行动	联邦机构	期限要求	完成度
发布《关于推进治理创新和机构使用人工智能风险管理的政策草案征求意见》	管理和预算办公室	无	完成
启动人工智能教育计划，优先考虑人工智能相关劳动力发展	国家科学基金会	无	完成
通过2024年增长加速器基金竞赛，将人工智能确定为奖励基金的重点领域	小企业管理局	无	完成
确认有关人工智能支出的标准，支持有利于小企业的重要项目	小企业管理局	无	完成
发布关于人工智能对全球发展影响的信息请求	美国国际开发署和国务院	无	完成
对隐私规则提议修改，进一步限制公司利用儿童数据牟利的能力，包括限制定向广告	联邦贸易委员会	无	完成
发布咨询意见，强调背景调查报告中不得出现虚假、不完整和陈旧信息，包括用于筛选用户的信息	消费者金融保护局	无	完成

附录三：国际刑警组织《执法中负责任人工智能创新工具包》

2023年6月，国际刑警组织和联合国区域间犯罪与司法研究所联合发布《执法中负责任人工智能创新工具包》，工具包以行动为导向，为执法机构提供了基于人权法、道德和警务原则的负责任的人工智能理论基础以及多种实用工具，包括《负责任的人工智能创新原则》《负责任的人工智能创新组织路线图》《组织就绪性评估》《负责任的人工智能创新实践手册》《风险评估问卷》。[①]

1.《负责任的人工智能创新原则》

《负责任的人工智能创新原则》旨在指导世界各地执法机构在符合良好的警务实践、人工智能道德以及尊重人权的基础上使用人工智能，文件包括五大核心原则：合法性原则、伤害最小化原则、人类自主原则、公平性原则和良性治理原则。

---

① *Artificial Intelligence Toolkit*，https：//www.interpol.int/en/How-we-work/Innovation/Artificial-Intelligence-Toolkit，2024年3月28日访问。

负责任的人工智能创新原则

核心原则名称	核心原则内容	辅助原则名称	辅助原则内容
合法性原则	执法机构在设计、开发和使用人工智能系统的整个过程中必须遵守适用的法律和法规,重视不同执法地区的法律法规差异。合法性原则包括尊重人权,执法中负责任的人工智能创新要求机构确定并避免或减轻开发、采购或部署人工智能系统可能对任何个人权利的影响	必要性原则	执法机构只有在实现既定合法目标需要干预时才可干预公民的权利
		相称性原则	执法机构需要平衡对人权的干涉与合法目标。执法干预必须始终与实现这一目标的侵入性最小的方式相对应,而且它们对公民权利的负面影响必须与所追求的合法目标相平衡
伤害最小化原则	执法机构应防止、消除或减轻在所有开发、采购和使用过程中可能出现的对个人和社区的伤害风险。执法的本质是保护公民和社会免受非法行为之害,包括预防和打击犯罪	安全性原则	执法机构需要确保使用的任何人工智能系统都是安全的,这意味着它们包括足够的保护措施以防止不可接受的伤害并最大限度地减少无意和意外的伤害。安全性原则与所有人工智能系统造成的伤害风险有关,包括系统双重用途带来的风险或系统遇到问题或故障时产生的任何风险
		准确性原则	人工智能系统能够作出正确预测、给出建议或提供决策的依据,以避免使用不精确的人工智能系统会导致各种类型的伤害。例如,如果用于犯罪检测的人工智能系统的准确率较低,可能会导致执法人员被误导,对没有实际犯罪发生的地点作出反应

续表

核心原则名称	核心原则内容	辅助原则名称	辅助原则内容
伤害最小化原则	执法机构应防止、消除或减轻在所有开发、采购和使用过程中可能出现的对个人和社区的伤害风险。执法的本质是保护公民和社会免受非法行为之害，包括预防和打击犯罪	人类福利和环境福祉原则	执法机构在所有创新过程中维护和改善人类福利和环境福祉。各机构应审查其与人工智能相关的活动的所有直接和间接后果，并以改善福祉为目标
		效率原则	使用人工智能系统可以让复杂的任务以更快、更容易、资源更少的方式完成。然而，在人工智能系统生命周期的所有阶段都会产生资金、时间、人力和环境资源成本，效率原则要求执法机构确保在时间、金钱、人力和对环境的影响方面使用特定人工智能系统的成本和收益之间存在有利的比例
人类自主原则	人类自主原则要求任何影响人类的决定最终都由人类作出，特别是在执法等高风险的情况下。因此，确保人工智能系统的人类控制和监督对于维护人类自主性至关重要。执法机构在与人工智能打交道时要保护人的能力和自我治理的权利	人类控制和监督原则	人类控制和监督是人类在人工智能系统的开发和使用过程中充分监督、参与和干预该系统的能力和机会。建议执法机构核实其目前使用或打算使用的人工智能系统是否具备必要的功能，以确保人工智能系统在使用过程中始终处于被掌控状态，确保人类对某些决定拥有最终决定权

续表

核心原则名称	核心原则内容	辅助原则名称	辅助原则内容
人类自主原则	人类自主原则要求任何影响人类的决定最终都由人类作出，特别是在执法等高风险的情况下。因此，确保人工智能系统的人类控制和监督对于维护人类自主性至关重要。执法机构在与人工智能打交道时要保护人的能力和自我治理的权利	人类代理原则	执法机构需要证明他们打算使用的人工智能系统不会损害这些系统用户（执法人员、其他人员、公民等）的能力。如果个人或机构过度依赖人工智能系统，忽视可能相关甚至必要的人工输入，那么人类的能动性就会受到挑战。执法机构应在大多数情况下确保该系统真正支持或改进负责该程序的事务官所作的决定，而不是为他们作出这些决定
		隐私原则	执法机构在使用人工智能系统时必须重视个人隐私领域，保护人工智能系统的用户、受害者、嫌疑人和普通公众的隐私，包括：身心健康、个人关系、个人空间和住所以及一般的个人数据。这对个人保持自我管理和行使权利的能力至关重要
		透明度原则	建议执法机构核实其人工智能系统的开发者（内部或外部）向其用户披露了所有必要的信息和文件。透明度还要求执法机构向公众，尤其是直接受到执法中使用人工智能系统影响的人告知执法机构正在使用或已经使用这种系统
		可解释性原则	执法机构部署的人工智能系统必须是可以解释的，因此使用这些系统或受其影响的人可以理解并对其输出的内容作出有意义的反应。如果没有可解释性，执法机构将不可避免地努力实施有效的人力控制和监督，或确保可解释性。缺乏可解释性也削弱了个人在有害情况下获得补救的能力

续表

核心原则名称	核心原则内容	辅助原则名称	辅助原则内容
公平性原则	公平性原则要求在个人之间以及整个社会公平分配负担和利益、资源和机会。执法机构在应用人工智能系统的整个过程中,应确保个人和群体得到公正和非歧视性的待遇,为更公平的社会作出贡献。利益攸关方的参与对于实现这种公平尤为重要	平等和不歧视原则	所有利益攸关方应拥有平等的待遇和机会,执法机关应避免在人工智能的整个生命周期中不合理地歧视个人或群体。执法机构需要确保他们使用的人工智能系统是用包含适当质量和数量的数据的数据集进行训练的,并确保消除任何可识别的歧视性偏见
		保护弱势群体原则	执法机构应特别关注和适当考虑那些最容易因使用特定人工智能系统而处于不利地位的群体。在人工智能系统的设计、开发、部署和使用过程中,人工智能系统可能会因其特点或其他情况而对某些群体产生不成比例的负面影响。例如,人工智能系统的准确性差异通常对某些群体的影响比对其他群体的影响更大
		多样性和可及性原则	人工智能系统应由广泛的个人和群体使用,无论其年龄、性别、能力或其他特征如何。机构所开发、采购和部署的系统是以用户为中心的方式设计的,并考虑到最终用户可能具有的各种特征和能力。系统设计的多样性和可及性将对社会公平产生直接影响,像任何其他工具一样,人工智能系统既可以增强人们的权利,也可以因缺乏可访问性而剥夺他们的权利
		可争议性原则	执法机构应确保必要的技术和组织措施到位,允许用户和受基于人工智能系统输出的决定影响的人质疑这些措施或决定。可争议性关注的是反对人工智能支持的决策的能力
		救济原则	行政机关应更进一步确保,当得到法律支持的决定产生不公正的负面影响时,受影响者能够通过充分和可获得的途径正式寻求救济

续表

核心原则名称	核心原则内容	辅助原则名称	辅助原则内容
良性治理原则	各警务机构应致力于建立一个审计和问责的总体结构,并培养一种负责任的法律创新文化。良性治理原则包括在一个组织内建立政策、程序和结构,使其能够维护人权、充分管理集体资源并满足该组织旨在服务的人民的需求	可追溯性原则	执法机关应跟踪和记录人工智能系统的所有输出,包括使用的输入数据、选择的模型和参数、模型输出、用户姓名、日期和任何其他相关信息。可追溯性是实现问责制和透明度的保障,让利益攸关方了解决策是如何作出的,并识别决策过程中的任何错误
		可审计性原则	执法机构应确保他们使用的所有系统都是可审计的,因为内部或外部审计员可以对其基本要素进行评估
		问责制原则	执法机关要建立相关问责机制,使利益攸关方能够准确确定谁对在人工智能系统支持下作出的决策以及这些决策的后果负责。执法负责人和社会其他人之间存在固有的权力不平衡,加上普通民众对人工智能缺乏了解,在引入这些系统时可能会加剧这种权力失衡。负责任的人工智能创新通过要求建立流程来准确确定哪些个人对人工智能相关决策负责,以弥补这种不平衡

《负责任的人工智能创新原则》适用于整个人工智能生命周期,为执法机构提供一种符合道德和人权要求的方式,以便在人工智能系统从概念化到使用和监控(包括人工智能退役)的整个过程中,作出许多复杂而关键的决定。将上述原则付诸实践,建议各机构遵循以下程序:理解和应用原则,确定利益攸关方并与之接触,检查结果,必要时重新开始。这些步骤没有固定的顺序,因为每个步骤最合适的执行方式会因具体情况而异。

理解和应用:负责任的人工智能创新原则应在整个人工智能生命周期中得到遵循,以支持执法机构的所有决策者评估人工智能系统对个人、社

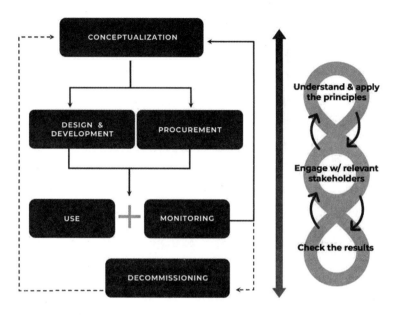

原则应用于实践流程图

（来源：《负责任的人工智能创新原则》）

会和环境的影响，并制定可采取的措施来避免或减轻任何负面影响。工具性原则有时可能相互冲突，需要执法人员权衡利弊作出适当的决定，并对所做的决定进行记录。例如，在开发某个人工智能系统时，可能需要在最大限度提高准确性或可解释性，或最大限度提高隐私性或透明度之间作出权衡。

确定利益攸关方并与之接触：建议执法机构仔细确定哪些人可能与人工智能系统的实施有利害关系，并酌情让他们参与这一过程。利益攸关方可能包括：受人工智能系统影响权利受益或受损的个人，如嫌疑人、受害者、民间团体和公众；其数据被用于测试和开发人工智能系统的个人；执法部门和私营部门中开发人工智能系统和工具的创新团队等。例如，可以通过咨询会议或审查有关该主题的高质量研究，让使用人工智能系统的个人参与进来。

检查结果：当执法机构在人工智能生命周期中前进时，他们应牢记这些原则和利益攸关方。建议各机构跟踪其决策的后果和活动的结果，并在必要时纠正其方向。

必要时重新开始：执法机构可能会发现它们需要重新评估或重新解释《负责任的人工智能创新原则》，确定不同的利益攸关方或以不同的方式与它们接触。执法领域的人工智能创新总是在不断发展，但正确理解这些原则并与利益攸关方充分互动，将使各机构能够以负责任的方式向前迈进。

2.《负责任的人工智能创新组织路线图》

《负责任的人工智能创新组织路线图》提供组织组成概述和指导，负责任的人工智能创新需要创新的组织文化、人员和专业知识以及特定流程（具体措施）共同确保机构能够实施正确措施，例如，在应用人工智能系统的过程中尊重人权，对法律法规更新保持敏感，在开发人工智能系统时使用高质量的去偏见数据集等。

《负责任的人工智能创新组织路线图》要点内容

组成部分	概述	具体内容
构建创新的人工智能组织文化	循序渐进的改变	实现负责任的人工智能使用将是漫长的改变过程，组织需要明确这一认知，并采取多重措施逐步推进变革
	组织评估	将人工智能系统纳入警务工作不是简单而直接的决定，需要确定部署前严格的自我评估以及使用前后执法机构与利益攸关方的充分交流
	风险认知	在执法环境中引入人工智能系统会带来一系列风险，组织需要非常熟悉人工智能系统的一般风险，以及与适用用例相关的特定风险，并定期检查，确保使用与立法和监管变化保持同步
	鼓励负责任的创新	奖励性与惩罚性措施并用，推动组织的创新性变革。奖励性措施可以包括：表彰、休假、经济奖励等
	新体制结构的重要性	负责任的人工智能创新需要多样化的人员和专业知识，以及来自组织各个层面的协作努力，因此，组织需要一个全新的运行机制

续表

组成部分	概述	具体内容
构建创新的人工智能组织文化	资源投入	在组织中以负责任的方式实施新的人工智能系统需要一定的资源投入,包括人工智能系统的开发或采购、人员培训、监督委员会运作等
	抵制应对	引入负责任的人工智能创新并在机构中实施必要变革,大概率会遭到一定的抵制,机构应该及时听取意见反馈,分析并解决这些观念分歧
	使用终止	机构需要随时评估使用的必要性并及时作出应用调整。如果一个人工智能系统最初使用的情况已发生变化,其使用变得非法或不可取,机构应该(并有适当的程序)停止,重新校准,甚至令人工智能系统退役
合适的人员和专业知识	组织人员所需的关键能力	技术能力,包括应用技术方法解决特定问题所需的知识和技能
		领域能力,指在警务系统以及从事其他社会和刑事司法系统事务的能力
		治理能力,包括以负责任的方式管理和实施人工智能系统所需的人权法和道德框架方面的能力
		社会文化能力,指确保公众参与和建立公众信任所需的能力
	成立负责任的人工智能创新监督委员会	该委员会可由专门从事道德、法律、利益攸关方管理、公众参与等方面的外部专家组成,并与机构保持一定程度的独立性
特定流程(具体措施)	开展全范围的需要和能力评估	·评估现有人工智能系统用例的优点和必要性,人工智能系统是否以及如何成为本机构解决方案的一部分。 ·识别和分析机构引入人工智能系统的潜在利益或风险——战略、能力、财务、效率收益、错误、对公众信任的损害等。 ·评估运行人工智能系统所需的内部能力和人力资本。 ·估算人工智能系统应用成本,包括采购和人员培训等

续表

组成部分	概述	具体内容
特定流程（具体措施）	为公众参与奠定基础	・通过对执法部门使用人工智能系统的调查收集公众的回应。 ・与相关利益主体进行公开磋商，解决调查中的问题。 ・告知公众将要实施的具体用例及其对改善警务工作的价值，以及潜在的挑战或问题
	定义治理方法	考虑可能支持、抑制或更普遍地影响机构中人工智能系统使用的现有法律框架、立法和法规，以及制定专门负责任的人工智能战略的必要性
	建立并遵守风险管理政策	・建立风险管理政策，指定评估和解决与实施人工智能系统相关的风险的方法、负责特定任务的团队或工作人员以及被视为风险所有者的人员，以及分配给风险管理的时间、财务和组织资源。 ・持续监控风险，根据需要重新评估风险评估结果和风险应对措施，至少在人工智能生命周期的每个阶段以及可能影响风险或风险应对的情况发生变化时进行监控
	建立负责任的人工智能创新监督委员会	・评估人权和道德风险，开展影响评估以确定对个人、群体或整个社区的不利影响，包括开展人权影响评估或数据保护影响评估。 ・评估弱势群体、公众和国家权力结构之间可能影响人工智能系统实施和公众信任的任何现有信任赤字或问题关系，并提供解决此问题的建议

3.《组织就绪性评估》

《组织就绪性评估》是一份组织自我评估问卷，支持执法机构根据对其内部文化、人员、专业知识和现有流程的严格审查，确定他们采用负责任的人工智能的准备情况。本问卷将机构的就绪程度分为五个级别。（1）一级就绪。机构很少或根本没有使用人工智能系统的经验或意识，机构可能对人工智能潜在的道德和人权挑战有一些基本认识，也可能没有。（2）二级就绪。机构积极探索人工智能系统及其负责任的使用，机构可能会采取措施在受控环境（如沙盒）中将具体的伦理和人权指导概念化，机构积极接触公众和多学科专家。（3）三级就绪。机构正在将负责任的人工智能创新流程正规化，完成公众反馈和得到试点成果。这一级别的机构正在推出人工智能系统，机构将围绕人工智能系统的日常使用制定更多结构化的道德和法律程序，以支持和确保负责任地使用这些系统。（4）四级就绪。机构以更具创造性的方式来使用人工智能系统，调整其负责任的人工智能创新实践以应对新的挑战，如系统开发、利益相关方管理、评估和监控等。这一级别的机构在使用人工智能系统方面将实现重大飞跃，从简单的任务到更复杂的任务，如监视和面部识别。（5）五级就绪。人工智能系统被更广泛使用，机构将它们纳入其许多核心功能、活动、职责、角色和流程。这一级别的机构将在其各个单位和部门中发展稳健负责的人工智能创新实践和可持续的文化。

《组织就绪性评估-文化板块》侧重于组织机构内部文化，尤其是围绕负责任的人工智能创新文化，帮助评估机构对负责任的人工智能创新实践的理解和促进程度。这一部分需要机构的人力资源和公共关系团队提供信息。

组织就绪性评估-文化板块

请各个机构对自身情况进行评估，并在0~4之间打分。
0分——不对；从未考虑过；不知道
1分——略为正确；正在开始考虑
2分——基本正确；正在开始概念化如何实施
3分——正确；已经开始实施
4分——非常正确，一贯如此实施

情形
① 我们了解，负责任的人工智能创新是一个漫长的旅程，不一定会到达"终点"
② 我们了解，使用人工智能系统并不总是正确的方法，我们的旅程应该从对特定系统的需求进行批判性的自我评估开始

续表

情形
③ 我们与所有利益攸关方合作，引入所需不同角度的专业知识和优势
④ 我们意识到组织与来自学术界、民间社会团体和公众的专家举行的咨询会议来解释我们的人工智能创新目标以及我们将如何负责任地使用人工智能系统的价值
⑤ 我们熟悉人工智能系统的一般风险，以及我们的用例的具体风险
⑥ 我们理解，使用人工智能系统可能会对个人和更广泛的公众产生负面影响
⑦ 我们理解，应根据国家和区域法律或政策以及适用的国际法，特别是与人权有关的法律，开发、采购和使用人工智能系统，并且应始终有一个明确确立的合法执法目标供其使用
⑧ 我们鼓励在机构内负责任地使用人工智能系统，并采用负责任的人工智能创新举措
⑨ 我们意识到，可能需要一个新的机构架构来促进我们负责任的人工智能创新之旅，这可能涉及引进新的专业知识，（重新）分配人员执行新任务，以及与外部利益攸关方，特别是与工业、学术界和民间社会建立伙伴关系
⑩ 我们制定新的政策，如负责任的人工智能战略和标准的操作程序，并建立新的结构，如负责任的人工智能创新监督委员会
⑪ 我们在所有部门和单位实施负责任的人工智能策略
⑫ 我们在财政和其他方面都投资促进和改进我们负责任的人工智能创新计划
⑬ 我们投资为人工智能系统的最终用户提供培训
⑭ 我们投资人工智能系统的设计、开发、收购和使用，以及它们的长期维护
⑮ 我们准备好面对这样一个事实，即实施人工智能系统和任何相关的机构架构可能会遇到阻力
⑯ 我们认为就使用人工智能系统与公众沟通和保持透明度是我们机构的优先事项
⑰ 我们认为，使用特定的人工智能系统可以开放给公众审查，并鼓励公众在这一领域的参与和反馈
⑱ 如果人工智能系统没有持续价值、出现故障或造成伤害，或如果允许其最初使用的其他情况发生变化，我们准备停止、重新调整甚至关闭该系统

《组织就绪性评估-人员和专业知识板块》侧重于机构在构建和管理人工智能系统中发挥关键作用的个人，以及那些参与解释该系统结果的人，帮助机构评估自身在其技术和非技术专业知识和能力方面的准备情况。

组织就绪性评估-人员和专业知识板块

请各个机构对自身情况进行评估，并在0~4之间打分。
0分——不对；从未考虑过；不知道
1分——略为正确；正在开始考虑
2分——基本正确；正在开始概念化如何实施
3分——正确；已经开始实施
4分——非常正确，一贯如此实施

情形
① 我们机构参与人工智能系统设计、开发和使用的管理人员和人员对《负责任的人工智能创新原则》有很好的理解和认知
② 参与人工智能系统设计、开发和使用的管理人员和普通员工遵循《负责任的人工智能创新原则》，并根据原则识别和减轻使用人工智能系统的任何法律和伦理问题以及负面后果
③ 我们有一个负责任的人工智能创新监督委员会，与技术和创新团队、法律团队、数据保护事务官和通信团队合作，在我们的机构中实施负责任的人工智能创新
④ 所有与人工智能系统互动或负责人工智能系统的人员都知道人工智能系统的能力和局限性，不会盲目地、仅仅依赖于这些系统产生的输出
⑤ 所有与人工智能系统互动或负责人工智能系统的人员都接受了有关使用该系统的培训，该系统包含一个关于如何负责任地使用该系统的内容
⑥ 所有参与开发和使用人工智能系统的人员都清楚地了解警察在刑事司法系统中的作用、警务的基本原则和任何相关的道德准则，以及使用人工智能系统收集证据的合法性
⑦ 所有参与开发和使用人工智能系统的人员都了解国家、区域和国际法，特别是在执法中使用新技术有关的任何要求或限制
⑧ 我们有一个内部的技术和创新团队，能够在内部构建人工智能系统，或者我们将此功能外包给技术开发人员/提供商，并根据需要为他们提供领域内负责任的人工智能创新的专业知识和指导
⑨ 我们有具有必要技术技能的专家来将人工智能系统集成到我们当前的基础设施和程序中，或者我们将这些功能外包

续表

情形
⑩ 致力于人工智能系统开发的内部或外部技术专家理解并致力于我们机构负责任的针对我们确定的用例的人工智能战略或路线图
⑪ 从事人工智能系统开发的内部或外部技术专家了解技术工具或仪器、软件、平台和指导简报,可以支持人工智能系统负责任的开发和使用
⑫ 从事人工智能系统开发的内部或外部技术专家,可以接触到在警务相关领域(麻醉品、杀人、网络犯罪、人口贩运、生物识别等)具有专业知识的执法人员。为我们的人工智能系统的开发和实施提供适当的信息
⑬ 致力于人工智能系统开发的内部或外部技术专家会考虑到伦理、法律和社会方面,并采取措施预防和减轻不利后果
⑭ 致力于人工智能系统开发的内部或外部技术专家理解人工智能系统在起诉和如何保护可采性方面可能带来的法律挑战
⑮ 我们有特定个人或团队,他们根据设定的指标来衡量和评估我们的人工智能系统的性能
⑯ 我们有法律和数据保护事务官或团队,以确保在开发和使用过程中考虑到相关的数据保护法律和要求,并将与相关专家合作,以确保数据库的安全性
⑰ 我们有网络安全专家或团队,负责监控、检测、调查和响应与我们的人工智能系统和相关数据库相关的安全威胁、风险和漏洞
⑱ 我们有沟通和公共关系官员或团队,负责制定策略和方法,以向公众传达有关(使用)人工智能系统的相关信息
⑲ 我们有沟通和公共关系事务官或团队,他们接受了有关我们使用人工智能系统和相关风险的宣传培训,以确保与公众沟通的准确性
⑳ 我们与外部专家小组,包括从业者、学者、民间社会团体和社区负责人进行接触,以了解可能影响执法和公众之间关系的国家、区域和社会文化背景
㉑ 我们促进并优先考虑在性别、种族、文化等方面创建不同的团队,确保我们在开发、使用或监控人工智能系统时拥有一个全面和广阔的视角

《组织就绪性评估-特定流程板块》侧重于执法机构如何准备实施负责任的人工智能创新原则,建立一种支持负责任的人工智能战略的文化,帮助评估机构基于其负责任的人工智能计划的准备情况。

组织就绪性评估-特定流程板块

请各个机构对自身情况进行评估,并在 0~4 之间打分。

0 分——不对;从未考虑过;不知道

1 分——略为正确;正在开始考虑

2 分——基本正确;正在开始概念化如何实施

3 分——正确;已经开始实施

4 分——非常正确,一贯如此实施

情形
① 我们有一个明确定义的负责任的人工智能战略,或类似的负责任的使用人工智能系统的路线图或愿景
② 我们的负责任的人工智能战略、路线图或愿景是公开访问的
③ 我们已经制定具体的举措、流程和工作流程,以支持负责任的人工智能创新实践的推出和采用
④ 我们建立一个负责任的人工智能创新监督委员会或由多学科专家(如学术界、公民社会、人权、伦理学)组成的类似顾问委员会,负责监督和问责我们对人工智能系统的使用
⑤ 我们监测并跟随最佳实践以及关于负责任地使用人工智能系统的国家、区域和国际框架的发展
⑥ 在开始开发或采购人工智能系统之前,我们已经进行组织初步需求和能力评估
⑦ 我们有特定流程来确定人工智能系统的选择和优先级,以及具体的用例,符合我们的全面负责任的人工智能战略
⑧ 我们进行人权影响评估和数据保护影响评估,或有类似的程序来确定、预防和减轻与使用人工智能系统有关的、对人权的任何不利影响
⑨ 我们使用《组织就绪性评估》,或类似工具来识别使用人工智能系统对个人、社会和环境的任何风险
⑩ 在开发或采购高风险或有争议的人工智能系统之前,我们要求相关团队与公众接触,与通信和公共信息事务官或团队进行协调
⑪ 在使用人工智能系统之前,必须与公共/私人咨询小组进行协商,我们提供了在我们机构内提出的有关人工智能系统的潜在负面影响及其使用的任何问题的机会
⑫ 我们有特定流程评估组织是否有足够的能力在内部开发一个人工智能系统,或该系统是否应该在外部开发,或与外部利益攸关方联合开发,或者使用现成产品

续表

情形
⑬ 我们有特定采购过程，考虑系统性能和错误和偏差的风险，以及审计、测试和评估人工智能系统
⑭ 作为我们采购过程的一部分，我们要求潜在的技术开发者/供应商对其人工智能系统进行独立审计，以检查是否存在不公平或偏见、对隐私和数据保护的干扰、对个人或社区或团体的伤害等
⑮ 我们对组织人工智能系统进行审计/测试和模型评估
⑯ 我们对组织的人工智能系统性能进行例行监测和评估，以确保人工智能系统的使用继续满足总体执法目标，并按照《负责任的人工智能创新原则》进行使用，这可能触发纠正措施、维护、重新校准或退役
⑰ 我们有明确指标来评估和监控我们的人工智能系统在操作结果和负责任的使用方面的持续性能
⑱ 我们为执法人员、独立审计员、评估人员或公众对我们的人工智能系统或这些系统使用的任何问题提出担忧提供反馈程序

4.《风险评估问卷》

《风险评估问卷》支持执法机构从负责任的人工智能创新角度评估人工智能系统可能带来的风险，本风险评估仅关注机构使用或打算使用的任何特定人工智能系统，是否存在不遵守负责任的人工智能创新原则的风险。主要包含以下问题：某些负面事件或情况发生的可能性以及此类事件或情况一旦发生对个人和社区的影响。

风险评估问卷调查

可能性分为：1——很不可能　2——不可能　3——有一定可能　4——可能　5——很可能
影响等级分为：1——不显著影响　2——有限影响　3——中等影响　4——严重影响　5——灾难性影响
风险等级：（A*B）
具体情况还应根据风险对象进行判断

续表

可能性（A）	影响等级（B）
① 与人工智能系统有关的活动导致不遵守适用法律和法规的可能性有多大	这种不遵守行为对个人和社区的负面影响有多严重
② 人工智能系统稳健性方面的漏洞有多大可能会对个人或社区造成伤害	这种伤害会有多严重
③ 人工智能系统的安全漏洞对个人或社区造成伤害的可能性有多大	这种伤害会有多严重
④ 人工智能系统的不准确性会对个人或社区造成伤害的可能性有多大	这种伤害有多严重
⑤ 使用或滥用人工智能系统会对个人或社区的身心健康造成不利影响的可能性有多大	这种不利影响有多严重
⑥ 使用或滥用人工智能系统会对环境福利产生不利影响的可能性有多大	这种不利影响有多严重
⑦ 实施人工智能系统在时间、金钱、人力和环境影响方面的过高成本有多大可能会对个人或社区造成伤害	这种危害有多严重
⑧ 人类对人工智能系统实施控制和监督的能力受到限制会对个人或社区造成伤害的可能性有多大	这种伤害有多严重
⑨ 使用或滥用人工智能系统会限制用户独立作出决定的能力的可能性有多大	这种限制有多严重
⑩ 用于训练人工智能系统的数据类型和数量有多大可能会影响个人隐私及其控制自己数据的权利	这种影响有多严重
⑪ 人工智能系统收集、存储和传输的数据类型和数量有多大可能会影响个人隐私及其控制自己数据的权利	这种影响有多严重
⑫ 人工智能系统的使用或滥用有多大可能会干涉个人的私人领域及其自治能力	这种干扰有多严重
⑬ 用户对人工智能系统及其风险和局限性缺乏了解，会对个人或社区造成伤害的可能性有多大	这种伤害有多严重
⑭ 如果公众不知道人工智能系统正在被使用，会对个人或社区造成多大伤害	这种危害有多严重

续表

可能性（A）	影响等级（B）
⑮ 如果用户和/或受人工智能系统使用影响的人无法理解人工智能系统是如何及为何得出特定结果的，这将在多大程度上对个人或社区造成伤害	这种伤害有多严重
⑯ 使用数量或质量不足的数据（例如，缺乏代表性的数据）对人工智能系统进行培训，会在多大程度上造成或加剧不平等或导致歧视	这种对平等和非歧视的影响有多严重
⑰ 人工智能系统的设计和开发中反映出的人类偏见有多大可能对某些个人或群体产生不相称的影响	这种影响有多严重
⑱ 在整个人工智能生命周期中，对弱势群体的考虑和参与不足，会在多大程度上造成或加剧造成这些群体脆弱性的条件	这种影响有多严重
⑲ 人工智能系统的使用或滥用对弱势群体造成过度影响的可能性有多大	这种影响有多严重
⑳ 人工智能系统的使用或滥用会造成或加剧不平等或导致歧视的可能性有多大	这种对平等和非歧视的影响有多严重
㉑ 在人工智能系统的设计、开发或部署过程中，如果没有充分考虑到人类的不同特征和能力，会在多大程度上造成或加剧某些个人或群体的不利处境	这些不利因素会有多严重
㉒ 缺乏允许人工智能系统用户质疑其产出的技术和/或组织措施会对个人或社区产生多大的负面影响	这种负面影响有多严重

5.《负责任的人工智能创新实践手册》

《负责任的人工智能创新实践手册》为执法机构负责任地规划、开发或采购、使用和监控人工智能系统提供实践指导。人工智能生命周期涉及人工智能项目的所有阶段，之所以使用"周期"一词，是因为它是一个连续的过程,在这个过程中,各个阶段反复进行,直到人工智能系统不再使用为止。虽然人工智能系统生命周期的具体配置可能因人工智能系统而异,但一般包括三个主要阶段。(1)规划阶段。在规划过程中,执法机构要确定和了解他们希望解决的问题,并确定实施人工智能系统是否能充分解决该问题。(2)设计和开发阶段/采购阶段。如果机构决定在内部构建人工智能系统,那么规划阶段之后就进入设计和开发阶段。在这一阶段,负责团队将开展建议的活动,设计和开发人工智能系统。如果机构决定外包开发人工智能系统或购买现成的人工智能系统,规划阶段之后将直接进入采购阶段。在这一阶段,负责团队将按照必要的程序从第三方购买人工智能系统。(3)使用和监测阶段。使用和监测活动指的是在预定的环境中实施人工智能系统,观察和监测其使用情况。如果监测过程显示人工智能系统出现故障或不符合负责任的人工智能创新原则,负责团队可以决定改进该系统,从而回到上一阶段,或者停止使用该系统。

负责任的人工智能创新实践具体内容

阶段概述		阶段具体内容
规划阶段	规划阶段是人工智能生命周期的第一阶段。在这一阶段,各机构要讨论其需求、人工智能系统的范围以及获得该系统的可用方案,包括是内部开发还是从第三方采购	规划阶段中的原则体现如下。 ① 合法性原则。例如:哪些法律法规适用于人工智能项目?这些法律法规有哪些要求和限制需要在现阶段加以考虑? ② 伤害最小化原则。例如:人工智能系统可能在哪些方面不可靠或不安全?这会带来哪些风险和危害? ③ 人类自主原则。例如:人工智能系统是否会自主决策?如果是,系统的输出是否有可能影响个人的生活?能否保证人类能够拦截或评估输出结果? ④ 公平性原则。例如:如何定义人工智能系统中的"公平"和"不公平偏见"?不公平偏见的相关类别是什么? ⑤ 良性治理原则。例如:如何确保人工智能系统的流程和用户互动的可追溯性?是否有机制记录整个系统开发和使用过程中作出的伦理和技术决定

续表

阶段概述	阶段具体内容
规划阶段 规划阶段是人工智能生命周期的第一阶段。在这一阶段，各机构要讨论其需求、人工智能系统的范围以及获得该系统的可用方案，包括是内部开发还是从第三方采购	利益攸关方的参与：人工智能系统的使用有两类利益攸关者，一类是负责使用该系统的人，另一类是可能直接或间接受到该系统使用影响的人。对所有利益攸关者进行清晰的概述，有助于更好地了解到底谁受到了影响，以及这种影响是均匀的还是不均匀的
	差距与需求分析：差距和需求分析包括将实际结果与执法机构需求方面的预期结果进行比较换句话说，执法机构要想了解自己的需求以及这些需求是否能在人工智能系统的帮助下得到满足，就必须首先评估自己在没有人工智能的情况下的现有表现，以及整合人工智能后的潜在或预期结果
	价值评估：价值评估是一项使执法机构能够评估人工智能技术对其特定需求的价值的工作。它包括识别和调整实施该技术的潜在效益和成本，考虑提高效率、节约成本、竞争优势和机构总体目标等因素，以确定其在组织内的真正价值主张
	用例分析：在完成差距和需求分析并决定如何获取人工智能系统后，您现在应该考虑进行用例分析。用例分析就是确定开发流程、系统或软件工具所需的所有要求和信息。它还包括集思广益、定义系统的用途和用户、使用条件以及可能受到的任何限制（道德或法律）
	识别可能的滥用或未经授权的使用：考虑您偏好的人工智能开发方法，并确定这类人工智能系统可能或潜在的误用情况。在选择采用哪种类型的人工智能开发方法时，滥用和安全漏洞的可能性应是首要考虑因素。这是因为每种类型的方法所涉及的风险都不同
	风险应对：规划阶段的一个关键步骤是在项目层面识别和评估与人工智能系统有关的任何风险。这些都是独立的过程，应根据贵机构的风险管理政策进行

续表

阶段概述	阶段具体内容
设计与开发阶段 如果决定在内部开发人工智能系统，负责团队应开展必要的活动和流程，以履行负责任的人工智能创新原则。 在设计和开发阶段，首先要确定/收集和准备训练数据，同时选择最合适的算法架构。正确探索训练数据并为开发阶段做好准备，有助于数据科学团队识别数据中的限制因素和可能存在的错误或不公平偏差。在某些情况下，数据准备工作还可能涉及一些数据整理或工程设计，数据工程师会根据所选算法，生成工作数据集，并将其转换为可用于建模目的的格式	设计与开发阶段中的原则体现如下。 ① 合法性原则。例如：在设计和开发人工智能系统时适用哪些法律法规？这些法律法规有哪些要求和限制需要在现阶段加以考虑？ ② 伤害最小化原则。例如：采取了哪些措施确保人工智能系统在受到攻击或意外情况和环境下的安全？ ③ 人类自主原则。例如：人工智能系统的适当人为控制程度是多少？ ④ 公平性原则。例如：在人工智能系统的数据处理、设计或开发过程中，可能存在哪些不公平的偏见？这种不公平的偏见是否有可能反映在系统的输出结果中？ ⑤ 良性治理原则。例如：如何记录人工智能系统的开发过程
	利益攸关方的参与：① 在规划阶段是否确定了直接或间接的利益攸关方？② 在规划阶段是否让直接或间接的利益攸关方参与
	数据检查：① 收集数据的方式合法吗？收集个人数据是否符合适用法律规定的有效处理理由？② 是否存在任何数据隐私问题？是否允许将个人数据用于开发相关模型？③ 是否对个人数据进行了匿名处理？如果没有，是否要求在数据主体提出要求时提供对数据的访问？④ 用于建模的数据集是否有数据字典？我们需要哪些类型的特征，需要多少？⑤ 哪些变量与目标变量最相关？……
	设计与开发的主要方面：① 训练中使用了哪类数据？② 使用了哪些类型的模型或模型组合？③ 模型是否达到了预期目的？④ 使用了哪些性能指标？⑤ 模型的性能是否需要改进？⑥ 使用真实数据进行测试时，模型是否同样准确和精确？……
	风险监测：在人工智能的整个生命周期中，风险监测应该是一个持续的过程。因此，您现在应该重新评估风险评估和风险应对工作的结果，并根据现阶段获得的新信息对其进行更新

续表

阶段概述	阶段具体内容
采购阶段 — 在这一阶段，负责采购的团队或工作人员应遵循机构或单位的适用流程。在这一阶段，负责人应要求技术供应商提供有关人工智能系统功能和局限性的相关信息，以及准确性、稳健性和偏差测试等各种评估的结果	采购阶段中的原则体现如下。 ① 合法性原则。例如：哪些法律法规适用于人工智能系统的采购？在现阶段应考虑哪些要求和限制？ ② 伤害最小化原则。例如：开发人员能否提供人工智能系统可靠性、安全性和/或安全性的测试结果？测试是在内部进行的，还是由独立第三方进行的？ ③ 人类自主原则。例如：人工智能系统的适当人为控制水平是多少？ ④ 公平性原则。例如：人工智能系统开发过程中可能会产生哪些不公平的偏见，它们会如何影响人工智能系统的产出？开发人员是否已将任何潜在问题告知用户？ ⑤ 良性治理原则。例如：人工智能系统的开发是否有文件记录？开发人员是否提供了这些文件
	利益攸关方的参与：① 在规划阶段是否确定了直接或间接的利益攸关方？② 在规划阶段是否让直接或间接的利益攸关方参与
	采购流程清单：① 供应商的选择是否符合适当的国家许可和认证要求？② 为供应商制定了哪些标准来评估偏见和其他相关风险？③ 是否要求技术合作伙伴/供应商提交测试期间进行的任何评估结果，以帮助评估人工智能系统的性能？④ 供应商是否会为用户提供培训？这种培训是否属于供应商的合同义务范围？⑤ 是否制定/遵循了标准化采购程序？⑥ 是否有程序确保现成的人工智能系统中使用的算法可以独立审计？如果有，请解释这些程序。⑦ 是否会使用适当的测试标准（实验室测试，如有可能，还包括实地测试）进行测试？⑧ 是否有程序确保供应商/服务提供商的合同义务中包括定期软件升级
	风险监测：在人工智能的整个生命周期中，风险监测应该是一个持续的过程。因此，您现在应该重新评估风险评估和风险应对工作的结果，并根据现阶段获得的新信息对其进行更新

续表

阶段概述	阶段具体内容
使用和监测阶段 使用和监测阶段始于人工智能系统部署之时，即向主要利益相关方——最终用户、监测和控制团队、开发人员和信通技术团队、系统管理员和独立审计员，提供人工智能系统。它涵盖人工智能系统可用的整个期间，无论其是否被使用	使用和监测阶段中的原则体现如下。 ① 合法性原则。例如：在使用和监测人工智能系统方面有哪些法律法规？它们提出了哪些要求和限制，应在现阶段予以考虑？ ② 伤害最小化原则。例如：有哪些程序用于监控和测试人工智能系统的稳健性和安全性，包括标记滥用或恶意使用？多长时间进行一次审计？ ③ 人类自主原则。例如：个人如何以及何时能够干扰人工智能系统的程序？ ④ 公平性原则。例如：用户是否意识到人工智能系统中任何潜在的偏见？如何将这些潜在偏见传达给其他利益相关者？ ⑤ 良性治理原则。例如：采取了哪些措施来监测溯源机制
	利益攸关方的参与：① 在规划阶段是否确定了直接或间接的利益攸关方？② 在规划阶段是否让直接或间接的利益攸关方参与
	部署流程核对表：① 如何推出这一人工智能系统，是否分阶段进行？② 确定该人工智能系统的逐步推广计划。③ 哪些主要团队负责确保该人工智能系统的采用？④ 是否有任何独特的技术基础设施或人工智能系统必须与该人工智能系统同时使用？如果有，请说明是什么。⑤ 确定负责监控该人工智能系统的团队。⑥ 确定该人工智能系统所有可能的独立审计员。⑦ 对最终用户和其他团队的培训是否必要？⑧ 如果是，请概述所需的培训、技能提升或认证类型。这可能包括云认证、数据分析、数据可视化、数据叙事技能等
	风险监测：在人工智能的整个生命周期中，风险监测应该是一个持续的过程。因此，您现在应该重新评估风险评估和风险应对工作的结果，并根据现阶段获得的新信息对其进行更新